Lo que las estrellas cuentan sobre ti

SILVIA SUSACH

Lo que las estrellas cuentan sobre ti

Aprende a descifrar el lenguaje
del universo y descubre quién eres
con tu carta natal

Grijalbo

Papel certificado por el Forest Stewardship Council®

Primera edición: marzo de 2023

© 2023, Silvia Susach Giralt
© 2023, Penguin Random House Grupo Editorial, S. A. U.
Travessera de Gràcia, 47-49. 08021 Barcelona
Infografías de Ramon Lanza

Printed in Spain — Impreso en España

ISBN: 978-84-253-6349-8
Depósito legal: B-854-2023

Compuesto en Pleca Digital, S. L. U.

Impreso en Gómez Aparicio, S. L.
Casarrubuelos (Madrid)

GR 6 3 4 9 8

A Jordi, por impulsarme y amarme incondicionalmente

A mi hijo Biel, por el simple hecho de existir

Índice

Prólogo

Recuerdo cuando a los quince años entré con mis padres en una librería del Barrio Gótico de Barcelona: cientos de libros ocupaban las estanterías, pero mi mirada se fijó en uno en concreto. La palabra «astrología» aparecía rotunda en la portada. Supe al instante que aquello era algo especial, algo en lo que quería indagar. Hoy echo la vista atrás y veo que no fue una coincidencia, porque ahí empezó nuestra historia de amor.

En aquel entonces la palabra «astrología» se asociaba con el esoterismo, la brujería y la pura superstición. Por suerte, mis padres y su mente abierta me permitieron salir de la librería con aquel ejemplar. Al poco tiempo de iniciar la lectura entendí que la astrología nada tenía que ver con los horóscopos de las revistas ni con las tiradas de tarot de madrugada en televisión. Pasé varios años estudiando por mi cuenta, y más tarde me formé con otros astrólogos hasta que me sentí con suficientes conocimientos para abrir mi propia consulta. A los veinticinco, nada más y nada menos que diez años después de mi primer encuentro con la astrología, empecé a divulgar mis conocimientos sobre ella y a realizar lecturas de la carta natal de centenares de personas.

El libro que tienes en tus manos es fruto de años de estudio y pasión por la astrología. En él encontrarás todo lo necesario para entender qué es y para descubrir qué cuentan los astros sobre ti. Sí, los astros y tú estáis conectados. ¿O acaso piensas que eres un ser totalmente aislado en este universo? El día en que naciste las estrellas estaban configuradas de una forma única, y esto está muy relacionado con tu carácter, tu manera de amar, tu propósito vital y profesional, tus miedos, tus necesidades emocionales y mucho más.

Cuando tenía quince años, algo me condujo hacia ese libro de astrología. Del mismo modo, no es por casualidad que ahora este libro esté en tus manos.

Empecemos pues.

1.

Introducción a la astrología

ASTROLOGÍA: ¿Y ESO QUÉ ES?

La astrología estudia el vínculo entre los astros del sistema solar y la vida en la Tierra. En otras palabras: su objetivo es ver la relación que hay entre los astros y el comportamiento humano. Aunque la sociedad tiende a conectar la astrología con el esoterismo y los horóscopos de revista, es una disciplina que en realidad poco tiene que ver con eso, ya que su método es más matemático y racional de lo que se piensa en general.

Pero empecemos por el principio. El ser humano, desde que está en la Tierra, siempre ha alzado la mirada al cielo para orientarse y guiarse, interpretándolo según las creencias particulares de su época y su cultura. Algunas de las interpretaciones han sido aceptadas por la ciencia *a posteriori*: los ciclos del Sol y de la Luna, el mes lunar, las cuatro estaciones... No obstante, la ciencia ha rechazado la mayoría de los conceptos astrológicos por ser imposibles de demostrar con sus métodos. ¿Cómo probar científicamente, por ejemplo, que la luna llena representa un momento más emocional de lo habitual? ¿Cómo certificar que las personas nacidas bajo el signo de Géminis tienen el don de la comunicación o facilidad para su aprendizaje? Los conceptos que encontrarás en este libro son fruto de siglos de observación de los astros, pero a la astrología se le suele criticar que no esté demostrada científicamente. Mi punto de vista es simple: no todo lo real se puede explicar con los métodos científicos que existen hoy en día. De la misma forma que el amor no es una magnitud cuantificable, es difícil medir la conexión entre el universo y el ser humano. Sin embargo, no debemos olvidar que lo que hoy es ciencia ayer era brujería, que lo que ayer no estaba probado hoy si lo está, y que no todo lo que no es demostrable a través del filtro científico actual debe ser rechazado. No todo lo real es mensurable.

Además, por desgracia, la sociedad ha relacionado la palabra «astrología» con los horóscopos de las revistas, el tarot, la adivinación y otras disciplinas muy alejadas de su naturaleza. Está claro que no todo vale y que el escepticismo nos puede ayudar a diferenciar lo real de aquello que no lo es, especialmente en un mundo sobrecargado de información, pero hemos ido demasiado lejos descartando de plano lo que no puede probarse con los métodos científicos de hoy.

En mi consulta he recibido a centenares de personas, desde dependientes de supermercado hasta abogados, jueces, miembros de la policía y biólogos, incluso médicos. La ciencia y la astrología no son conceptos opuestos ni contradictorios, y parece ser que cada vez más personas lo entienden. Sencillamente son diferentes formas de dar explicaciones a este complejo mundo en el que vivimos.

Pero ¿en qué principios se basa la astrología?

El primero de ellos es que **estamos todos conectados**. Antes del Big Bang, o la formación del universo, éramos uno. De la nada se creó lo que hoy conocemos como universo. Y a nivel molecular, las estrellas, los planetas y los humanos tenemos una composición muy similar. Sí, las estrellas que observas en el cielo y tú provenís de una misma unidad, tenéis el mismo origen. Hasta la NASA confirma que los humanos «estamos hechos de materia estelar».* Al parecer, la romántica frase «somos polvo de estrellas» es más real de lo que creemos.

Así pues, compartimos origen con un árbol, un río, un planeta o una mesa. Y no solo eso, sino que ejercemos influencia los unos sobre los otros. Por ejemplo, la luna tiene un claro efecto sobre las mareas. Si los seres humanos somos agua en un 70 %, no es una locura pensar que existe una fuerte conexión entre nosotros y ella. Y también es lógica la idea de que, además de la luna, también los planetas pueden llegar a influir en nosotros. Partiendo de que estamos todos conectados, ¿por qué no investigar la relación entre los astros y la vida en la Tierra? El ser humano no es un ser aislado. Igual que en la naturaleza existen ciclos y todo está conectado, somos una pequeña parte de un gran engranaje cósmico.

Sin embargo, la astrología va más allá y se basa en el principio de **«como es arriba es abajo»**. No es que los astros nos afecten de cierta forma, sino que son un espejo de aquello que ya está ocurriendo en la Tierra y en nuestro interior. Los planetas no causan situaciones, pero si sabemos interpretarlos,

---

* Carl Sagan, científico de la NASA.

entenderemos mejor qué nos está sucediendo a nosotros. Son, en definitiva, un reflejo, no los culpables de nuestras desgracias. En otras palabras: los planetas no provocan acontecimientos, sino que tienen una correspondencia con los sucesos ocurridos en la Tierra. Un ejemplo de este principio es la pandemia del año 2020. Los astrólogos sabíamos desde hacía tiempo que 2020 sería un año muy transformador en general por la unión de tres planetas (Júpiter, Saturno y Plutón), una circunstancia bastante inaudita. Esto no significa que fueran los planetas quienes causaron la pandemia, ellos simplemente reflejaron que la humanidad estaba en un momento de profundo cambio. Fueron solo un espejo, no el motivo.

> La astrología representa la suma de todos los conocimientos psicológicos de la antigüedad.
>
> CARL JUNG

ASTROLOGÍA PSICOLÓGICA

Existen varios tipos de astrología, pero todos tienen el cometido de traducir el lenguaje de las estrellas para una finalidad concreta. El más extendido de ellos es la astrología occidental, basada en los doce signos del zodiaco que exploraremos aquí.

Dentro de la astrología occidental hay dos corrientes muy

diferenciadas. La astrología predictiva es aquella que pretende anticipar sucesos concretos gracias a las posiciones astrológicas para una persona o para un colectivo. Según la astrología predictiva, sería posible decir cuándo una persona se casará, tendrá hijos, se separará o enfermará, entre muchas otras cosas. La mayoría de las personas piensan que esta es la astrología que más se practica, pero la otra corriente, la astrología psicológica, va ganando terreno poco a poco.

La astrología psicológica tiene como objetivo interpretar la posición de los astros con el fin de potenciar el crecimiento y el desarrollo personal. Se usa para describir el carácter y el potencial de una persona, y ayudarla con ello a ganar conciencia de sus aprendizajes en la vida. Así pues, la finalidad de la astrología psicológica es descubrir el propósito de vida, los aprendizajes, los dones y las dificultades de una persona, para favorecer su autoconocimiento y contribuir a su bienestar emocional.

Personalmente quiero pensar que no todo está escrito y que tengo poder de decisión en el camino de mi vida. Me aterraría pensar que la influencia de ciertos planetas vaya a trastocar mi vida sin ningún tipo de interpretación alternativa. Por esa razón me he decantado por la astrología psicológica. Estoy convencida de que hay muchas cosas predestinadas en nuestra vida, pero también de que gozamos de un cierto grado de libre albedrío y libertad. ¿Tenemos libertad absoluta? No, aun así nuestras decisiones y acciones van escribiendo en parte nuestro destino. Al fin y al cabo, la vida debe ser eso: una combinación del destino y las elecciones personales.

Además, aquello que crees acaba materializándose. Nuestras creencias terminan formando nuestra realidad. Si una predicción astrológica vaticina que voy a separarme de mi pareja, viviré con pena y temor el resto de mi relación. ¿Y si eso no fuera verdad? ¿Y si el astrólogo se hubiera equivocado en su interpretación? En resumidas cuentas, el astrólogo no deja de ser un traductor, y hay traductores de todas clases. La astrología psicológica, por el contrario, no predice acontecimientos futuros sino que habla de tendencias futuras. Con ella podemos saber qué momentos van a ser más transformadores, más retadores, más expansivos... Y sí, nos dirá si viviremos un periodo de cambio en pareja, pero ese cambio puede tomar tantas formas y tantos caminos que lo último que debe hacer el astrólogo es condicionar. El momento transformador para la pareja ¿será un embarazo? ¿Será una evolución dentro de la relación? ¿Será una oportunidad de renovación? ¿Será una pausa? El objetivo de la astrología psicológica es empoderar, no predisponer. Y aunque el libre albedrío no es infinito, sí tenemos cierta capacidad de decisión y de dar una dirección u otra a nuestra vida. Por lo menos de este modo quiero verlo yo.

Así pues, la astrología psicológica es aquella que estudia las posiciones de los astros para el desarrollo personal y el empoderamiento de las personas, y muestra además en qué momento vital se encuentran y las tendencias futuras de su existencia. Pero ¿cuál es su herramienta principal? ¿Cómo podemos acceder a este conocimiento? La respuesta es simple: la carta natal.

> El alma de un recién nacido queda marcada por el patrón de las estrellas en el momento en que viene al mundo y recuerda ese patrón inconscientemente.
>
> JOHANNES KEPLER,
> astrónomo y matemático

LA CARTA NATAL

La carta natal, también conocida como carta astral, es un mapa del cielo en el momento exacto del nacimiento de una persona. Con nuestra primera respiración al nacer damos la bienvenida al mundo y empezamos un camino lleno de aprendizajes y retos. En ese preciso instante, los astros están configurados de una forma que refleja nuestra naturaleza. Y «como es arriba es abajo»: cuando nacemos encarnamos la energía del universo en dicho instante, y ello habla de nuestra personalidad, dones, aprendizajes de vida, propósito, vocación, estilo afectivo y mucho más. Es una configuración única, ya que se tiene en cuenta no solo el día del nacimiento, sino también la hora y el lugar.

Así pues, para obtener la carta natal es imprescindible saber la hora del nacimiento con la mayor exactitud posible (recomiendo consultar la partida de nacimiento, ya que la memoria suele fallar). Sin este dato no podremos acceder a una parte de la información, como iremos viendo a lo largo del libro, y la carta natal carecerá de algunos de sus elementos: el ascendente y la distribución de casas.

Existen varias páginas web que ofrecen la carta natal de forma gratuita (una de ellas es www.carta-natal.es). A partir de la fecha y la hora de nuestro nacimiento, nos dan un diagrama mostrando las posiciones matemáticas exactas de los astros desde el punto de vista de la Tierra en ese momento. Eso sí, interpretarla es tarea de astrólogos. Me he encontrado a muchas personas que, sin conocimientos de astrología, se aventuran a interpretar ellas mismas su carta natal buscando conceptos aislados en internet. No recomiendo hacerlo, ya que podemos consultar páginas poco fiables y predisponernos a determinadas cosas sin necesidad. Además, la interpretación de la carta siempre debe hacerse de forma global, sabiendo qué aspectos son más importantes, cuál es el orden de interpretación, etcétera. Lo que pretendo con este libro es precisamente que aprendas a interpretar tu propia carta natal y descubras qué cuentan los astros sobre ti. La astrología es una disciplina que ha sido muy banalizada, y es frecuente aventurarse a interpretarla sin tener las nociones necesarias.

En definitiva, la carta natal es un diagrama que muestra las posiciones de los astros cuando nacimos. En esas posiciones matemáticas se encuentra mucha información de valor para nuestra vida. Como podrás observar al descargar el dibujo de tu carta natal, la astrología es una disciplina más técnica de lo que se suele imaginar. A partir de las posiciones matemáticas exactas de los planetas del sistema solar en el momento de nuestro nacimiento podremos descifrar el código del alma.

¿A qué me refiero con el «código del alma»? La carta natal expresa nuestra esencia pura, libre de condicionamientos propios, familiares o sociales. Más allá de lo que crees sobre ti mismo, lo que tu familia te enseñó, o el comportamiento o personalidad que hayas adoptado para sobrevivir en este mundo, la carta natal habla de tu personalidad auténtica y sin maquillaje. Las personas que acuden a mi consulta a menudo se quedan sorprendidas ante lo que les cuento. Recuerdo a una mujer de unos cuarenta años que leyó su carta natal por primera vez conmigo. Había pasado toda su vida intentando encajar en el modelo de éxito establecido por la sociedad: el que apremia a casarse y tener hijos, una casa y un perro. Estaba perdida por completo y se sentía muy triste, puesto que nada de lo que deseaba acababa sucediendo. Sin embargo, en su carta natal había mucha energía de Acuario (más adelante veremos a qué me refiero con eso). La carta decía a gritos que aquella mujer había venido a ser radicalmente diferente, a romper con tradiciones familiares obsoletas, a encontrar su independencia, a aprender a seguir su propio camino lejos de las expectativas sociales. En cambio, se había empeñado en llevar un rumbo que no era para ella. La consulta fue un punto de inflexión en su vida, y un año después era otra persona, aunque estoy segura de que le costó un tiempo asimilar mi mensaje.

Aun así, es importante tener presente que no todo depende de la astrología y de la carta natal. Pese a nuestro código del alma, estamos profundamente condicionados por un contexto sociocultural y una historia personal. Dos cartas natales idénticas pueden dar lugar a personas en apariencia muy distintas. Imaginemos, por ejemplo, que la carta natal habla del deseo de viajar y vivir aventuras. Ese deseo se expresará de una forma particular según el contexto de cada persona. Si se trata de alguien nacido en una tribu aborigen, quizá se traducirá en casarse con una persona de una tribu distinta y cambiar de pueblo. Para un joven *millennial* del mundo occidental, tal vez acabe siendo el detonante que lo haga convertirse en mochilero y visitar decenas de países. La astrología es una disciplina esencial, pero no lo es todo.

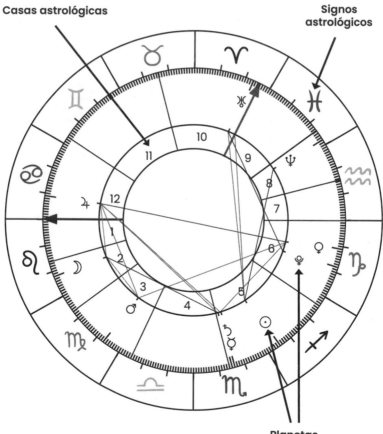

Casas astrológicas

Signos astrológicos

Planetas

Ahora quiero acompañarte en el proceso de entender tu carta natal, así que ten el dibujo de tu carta a mano. ¡Empecemos!

La carta natal muestra la posición de los diez planetas del sistema solar en el momento del nacimiento. Aunque el Sol y la Luna no son planetas en el sentido estricto de la palabra, sino una estrella y un satélite de la Tierra, en astrología siempre hablamos de diez planetas para simplificar el lenguaje. En la parte interna del dibujo se encuentran las figuras que representan los planetas. En la parte externa de la rueda vemos los doce signos del zodiaco representados cada uno con su símbolo.

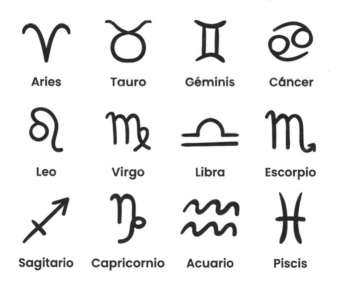

A continuación encontrarás la leyenda con los símbolos de los planetas y los signos que se emplean en la astrología. Más adelante hablaremos de las casas, las doce parcelas en que se divide la carta natal.

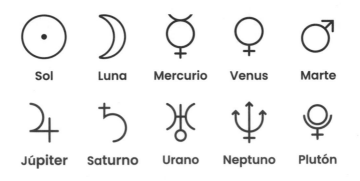

Hemos visto qué es la astrología y en qué consiste la carta natal exactamente, pero ahora me gustaría explicarte algo muy importante, y es que somos mucho más que nuestro signo del zodiaco. Piénsalo bien: es imposible que todos los tauro del mundo sean iguales, y este es el argumento que muchos de los detractores de la astrología utilizan para desprestigiarla, sin saber en realidad cómo funciona la disciplina.

Nuestro signo del zodiaco, es decir, el del mes en que nacimos, corresponde al Sol en la carta natal. Si observas tu carta, ayudándote de la leyenda, verás que la figura del Sol se encuentra en la zona de tu signo (por ejemplo, si naciste un 10 de noviembre, en Escorpio). Así que, en términos astrológicos, hablamos de «tener el Sol en Escorpio» en lugar de decir que una persona «es» escorpio, porque, como verás, hay más signos que configuran nuestra personalidad.

Sin duda te habrás percatado de que, además del Sol, todos los planetas de tu carta natal están situados en un signo concreto. Aunque el Sol es uno de los elementos principales de la carta, existen otros factores que determinarán nuestra esencia y personalidad. Conocer nuestro signo solar nos aportará información relevante, pero no la suficiente para comprender a fondo nuestra personalidad. De hecho, en la consulta veo que todos tenemos tres o cuatro energías que predominan en la carta. El signo donde se encuentra el Sol es una de ellas, pero ¿cuáles son las otras?

Otro de los planetas que influyen decisivamente en nuestra personalidad es la Luna. Más adelante hablaremos de ella con detenimiento, pero por ahora deberías consultar en tu carta natal en qué signo se encuentra. Busca el símbolo lunar y memoriza el signo en el que se halla porque será esencial a partir de ahora. Has identificado ya la segunda energía que predomina en ti, que puede ser similar a la de tu Sol o muy distinta. En breve hablaremos de cada signo y lo descubrirás.

Por último, el tercer factor determinante suele ser el ascendente o signo ascendente. El ascendente no es un planeta, así que no lo encontrarás en la leyenda. Se trata del signo que asciende en el horizonte en el momento del nacimiento. Trataremos esta cuestión en detalle, pero de momento basta con que lo identifiques. Observa tu carta natal y fíjate en la flecha que aparece en la parte izquierda. ¿Qué signo está señalando? Imagina que la carta natal es como una ruleta que va girando incansablemente y que se detiene en el instante del nacimiento. El signo señalado por esa flecha es el ascendente.

En conclusión: el signo del zodiaco que cada uno de nosotros conocemos como el nuestro es solamente el signo solar, o el Sol en la carta natal, e indica que nacimos en un mes determinado (por ejemplo, todas las personas nacidas el 6 de abril tendrán el Sol en Aries). Esa información resulta impor-

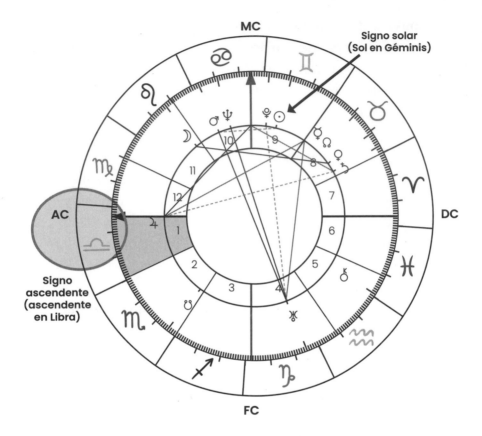

tante pero no suficiente para adquirir unas mínimas nociones de la personalidad y esencia de una persona. La Luna y el ascendente son los otros dos factores que nos ayudarán a comprenderla mejor. Por ejemplo, una persona con el Sol en Aries tenderá a ser luchadora, guerrera y líder, cualidades muy vinculadas con este signo. Sin embargo, si en su carta la Luna se encuentra en Libra, algunas de esas cualidades se verán diluidas o minimizadas, ya que Libra es el signo de la armonía y no soporta el conflicto. Si su ascendente se encuentra en Piscis, su pasión y su espíritu luchador probablemente se mezclarán con la sensibilidad y la empatía hacia los demás. Así pues, el Sol, la Luna y el ascendente son los primeros tres factores que deben analizarse en profundidad en la carta natal, aunque después veremos otros planetas y configuraciones que también nos aportan información.

El objetivo de la astrología no es que la persona se sienta identificada con su signo solar, su ascendente, su luna o con otra energía de la carta. Está bien que un astrólogo le interprete su carta y ella piense que la está describiendo, pero al fin y al cabo el astrólogo no hace más que contentar su ego. Lo realmente importante es entender que las energías predominantes de la carta natal no solo nos hablan de cómo somos, sino de nuestros aprendizajes de vida. Es habitual que una persona no se sienta nada identificada con su signo solar o lunar o su ascendente. «Pues yo soy leo y soy muy tímido», dicen algunos. Leo, como veremos en breve, es un signo vinculado con el afán de mostrar nuestro brillo personal y destacar, sin embargo, cada persona encarna esta energía de una forma particular: algunas la incorporan con naturalidad, mientras que a otras les plantea un gran reto y les supone un aprendizaje de vida (por ejemplo, en el caso de los leo, aprender a dejar atrás la timidez y mostrarse).

La astrología es la ciencia más vieja y respetada en el pasado por los grandes y sabios. Ningún rey ha hecho la paz ni la guerra, ningún general ha ganado una batalla, en resumen, ninguna decisión importante se ha tomado sin consultar al astrólogo.

BENJAMIN FRANKLIN

2.

Elementos y signos

LOS CUATRO ELEMENTOS

Los cuatro elementos son los fundamentos de la astrología y la carta natal. Se trata del **fuego**, la **tierra**, el **aire** y el **agua**. Muchas culturas y tradiciones antiguas percibían el mundo a partir de estos cuatro elementos, y hoy en día siguen siendo una parte primordial de la medicina oriental y cruciales para disciplinas como la astrología.

Así pues, cada elemento se relaciona con una energía, o como dice Stephen Arroyo, «cada elemento representa un tipo de energía y conciencia que opera en el ser humano».* Pero ¿por qué es tan relevante entender los cuatro elementos y sus diferencias? La respuesta es simple: cada elemento está relacionado con tres signos del zodiaco que comparten una misma base energética.

El **elemento fuego** nos habla del calor, la vitalidad, la energía, la creatividad, el entusiasmo, la confianza y la autoexpresión.

* *Chart Interpretation Handbook*, Stephen Arroyo.

Es una energía de impulso, de pasión, de tomar la iniciativa. El elemento fuego es necesario porque nos proporciona las ganas de iniciar proyectos, la motivación, la alegría. Para entenderlo mejor podemos imaginar una hoguera que arde con fuerza e ímpetu, si bien puede apagarse fácilmente. Para sostener aquello que hayamos iniciado con esta energía nos hace falta el elemento tierra, como veremos a continuación.

Los signos de fuego son **Aries, Leo** y **Sagitario**. Estos tres signos, aunque diferentes entre sí, siguen un mismo patrón energético, cada uno con sus particularidades. Las personas cuya carta natal tiene mucho fuego (contando el Sol, el ascendente y la Luna como elementos más relevantes) suelen ser de personalidad atrevida, dinámica, valiente y extrovertida, además de activas, inquietas, optimistas, entusiastas y alegres. Les motiva empezar etapas y proyectos. El exceso de energía de fuego puede dar lugar a personalidades impulsivas, impacientes y sobreconfiadas. Su carencia conlleva falta de autoestima y autoconfianza, falta de fe en la vida y pesimismo.

El **elemento tierra** se relaciona con la estabilidad, lo físico, la materialización de nuestras ideas y sueños, con el hecho de hacerlos realidad y sostenerlas a lo largo del tiempo. Está muy ligado a la practicidad y a la seguridad. El cuerpo físico, los cinco sentidos y todo lo que percibimos con ellos están vinculados con este elemento. Es, en otras palabras, la capacidad para hacer uso del mundo material, es decir, ganar dinero, pagar los impuestos, ir al trabajo, hacer deporte u organizar nuestro día, por ejemplo.

Los signos de tierra son **Tauro**, **Virgo** y **Capricornio**. Todos ellos dan un valor especial al mundo material. Las personas cuya carta natal tiene mucha tierra (contando el Sol, el ascendente y la Luna como elementos más relevantes) suelen desarrollar personalidades prácticas y priorizar la estabilidad y la seguridad. El exceso de tierra puede dar lugar al estancamiento y el miedo al cambio, a la búsqueda desmedida de seguridad, a la falta de espontaneidad. La escasez de tierra, por el contrario, acostumbra a conllevar poca practicidad y problemas para realizar tareas del mundo material como organizar la casa, pagar los impuestos o gestionar las finanzas. La falta de tierra hace que cueste llevar las ideas a la práctica y ponerse manos a la obra.

El **elemento agua** tiene que ver con las emociones y los sentimientos. Imagina un océano o un río, en el que el agua fluye y se mueve de forma constante. De este modo es como funcionan en general las emociones, vienen y van, y son cambiantes. El elemento agua está muy relacionado con la sensibilidad y la empatía, ya que conectar con la emoción nos ayuda a entender a las otras personas.

Los signos de agua son **Cáncer**, **Escorpio** y **Piscis**, así que los tres tienen una naturaleza emocional, más allá de sus diferencias. Las personas cuya carta natal tiene mucha agua (contando el Sol, el ascendente y la Luna como elementos más relevantes) suelen mostrar mucha empatía y disfrutan de ayudar al prójimo, pero el exceso de agua puede llevar a la incapacidad para poner límites y a ser sanamente egoísta. Estas personas acostumbran a ser compasivas y las circunstancias externas les afectan con facilidad. Estos tres signos son los más conectados con la sensibilidad extrema (personas altamente sensibles). La falta de agua en la carta suele llevar a una cierta desconexión emocional y falta de empatía.

El **elemento aire** nos remite a la mente, el intelecto, la comunicación y las ideas. Está relacionado con el conocimiento y la curiosidad, con la necesidad de nutrir la mente con nuevas ideas y conceptos. El elemento aire es ligero y muy móvil. Es una energía de objetividad, ya que podemos intercambiar ideas abstractas sin involucrarnos emocionalmente.

Los signos de aire son **Géminis**, **Libra** y **Acuario**. Quienes son de estos signos suelen vivir y decidir empleando la mente racional. Las personas cuya carta natal tiene mucho aire (contando el Sol, el ascendente y la Luna como elementos más relevantes) tienden a ser más racionales que emocionales y a apoyarse en la lógica cuando toman decisiones de vida. La mayoría son personas intelectuales e inteligentes y que siempre necesitan nuevos estímulos (al menos mentales) para nutrirse. Destaca también su capacidad de ser objetivos y no involucrarse emocionalmente, pero un exceso de aire puede dificultar la conexión con las emociones de los demás y hacer que se racionalicen demasiado las emociones y circunstancias de la vida, sin tener presentes el cuerpo o la emoción. La falta de aire en la carta puede entorpecer la expresión y la comunicación y ralentizar el aprendizaje.

Así pues, cada elemento es compartido por tres signos que tienen una base energética común y representan distintas facetas de esta.

Para valorar cuál es el elemento predominante en una carta natal tendremos en cuenta sobre todo el Sol, la Luna y el ascendente. Las cartas natales de algunas páginas web muestran los porcentajes que contienen de cada elemento, pero considero que estos porcentajes no reflejan la realidad, pues se calculan considerando a todos los planetas por igual, mientras que el Sol, la Luna y el ascendente son factores que pesan más en la personalidad.

Por ejemplo, una persona que tenga el Sol en Aries (fuego), el ascendente en Leo (fuego) y la Luna en Géminis (aire) acumulará mucha energía de fuego y le faltará agua y tierra. Aunque no podemos comprender en profundidad la carta sin analizar todos sus elementos, esta observación nos es de utilidad para intentar una primera aproximación.

El exceso o falta de un elemento en concreto no es una característica negativa, sino que nos ayuda a entender por qué fluimos más en ciertas circunstancias y nos resulta más difícil encarar otras situaciones. Deberíamos evitar calificar una carta natal o sus configuraciones de «buenas» o «malas», ya que solo reflejan partes de nuestra naturaleza y nos ayudan a comprendernos más profundamente. Por ejemplo, una persona sin el elemento agua (contando Sol, ascendente y luna como elementos de más impacto) tendrá mil cualidades, pero es probable que la empatía y la conexión con sus propias emociones no se cuenten entre ellas. Eso no es bueno ni malo, pues cada uno de nosotros estamos configurados de forma perfecta para transitar el camino de la vida.

Llegados a este punto, algunos lectores estarán sorprendidos por el diagnóstico de los elementos. Es fácil que a muchos no les encaje del todo su resultado, pero más adelante veremos que hay ciertos aspectos de la carta natal que aportan información adicional muy relevante. A pesar del exceso o la falta, *a priori*, de un elemento, al profundizar en la interpretación de la carta aparecerán nuevos datos que harán que todo cobre sentido.

LOS DOCE SIGNOS DEL ZODIACO

Al estudiar los signos del zodiaco es importante tener en cuenta que haremos referencia a energías y no a personas. Cuando describimos un signo en concreto es normal que una persona con el Sol, el ascendente o la Luna en ese signo no se sienta identificada con todas sus características, ya que solemos tener tres o cuatro signos predominantes en la carta natal, como iremos descubriendo. Nadie encarna la energía de un signo al cien por cien.

No me canso de repetir este punto porque sigue siendo objeto de confusión. Además, insisto una y otra vez si hace falta en que el objetivo de la astrología no es que las personas se reconozcan en sus descripciones. Lo que pretende en realidad es que las personas tomen conciencia de su verdadera esencia y naturaleza para vivir una vida más alineada y coherente con ella. Y aun cuando uno no se siente identificado con las descripciones, interpretar la carta natal puede ser una oportunidad para entender los aprendizajes que le plantea la vida. Por ejemplo, si una persona tiene el Sol, la Luna o el ascendente en Piscis pero no se considera sensible o empática, deberíamos preguntarnos de qué forma está bloqueando esa sensibilidad y por qué. Nuestra carta natal y sus signos predominantes nunca son una casualidad, y el hecho de no sentir conexión con algunos de dichos signos tal vez significa que existen unos dones ocultos o un aprendizaje que debemos integrar. Para estudiar astrología es importante abrir la mente, así como olvidarnos de la idea preconcebida que tenemos de nosotros mismos.

Es fundamental estudiar el Sol, el ascendente y la Luna en profundidad, pero también todos los otros signos, ya que pueden ser muy relevantes en nuestra carta natal.

A lo largo de este libro a menudo emplearé la expresión «energía de». Por ejemplo, cuando digo que una persona tiene energía de Virgo me refiero a que su Sol, su ascendente o su Luna están en Virgo, pero también puede ser que haya otros elementos de su carta que activen ese signo. Quiero que se entienda que no solo estoy hablando de las personas con el Sol en un signo concreto.

Aries

Aries es el primer signo del zodiaco y está representado por el carnero, una oveja macho con cuernos curvados y prominentes, símbolo de fortaleza y combate. Es un signo de fuego, y no es casualidad que sea el primero de todos, ya que su energía es la de los grandes comienzos.

Representa la acción, la autoafirmación, el sano egoísmo, la valentía, la competición y la agresión. Alude a la energía y el impulso, y está muy vinculado con el emprendimiento y el liderazgo. Es una energía de entusiasmo y franqueza absoluta, muy explosiva y para nada refinada. «Impaciencia» e «independencia» son también palabras que lo definen muy bien.

Para entender mejor su naturaleza podemos imaginar a un cazador del paleolítico, capaz de asumir riesgos, que encara el conflicto con facilidad, valiente y con actitud «testosterónica». Aries tiene una energía primitiva y dominante. Aunque muchas personas esconden estos atributos para encajar en su entorno y la sociedad, la realidad es que estas cualidades existen en ellas, de una u otra forma. Como el cazador del paleolítico, Aries es un signo que busca probar su fuerza y persigue nuevos retos constantemente. Es un signo que suele tener mucha seguridad personal y estar muy centrado en sus propios objetivos e intereses.

Una persona con el Sol, el ascendente o la Luna en Aries tendrá una gran capacidad de lucha y liderazgo y a menudo tomará la iniciativa e iniciará planes y proyectos. Eso sí, si no hay otros elementos de tierra en la carta, se aburrirá enseguida de lo que haya empezado y le costará mantenerlo, ya que Aries es por definición el signo del entusiasmo por los comienzos y lo novedoso. Perseverar en lo que inicia se le hace más pesado que a otros signos, y uno de sus talones de Aquiles es que se aburre con facilidad de proyectos o personas una vez disminuye la subida de adrenalina y el entusiasmo del principio.

Aries es símbolo de determinación incansable. Empezará cualquier proyecto o etapa de su vida con una fuerza incomparable, y dedicará toda su energía a aquello que lo motive (hasta que deje de interesarle). Su autoconfianza y madera de líder lo pueden llevar a dirigir equipos de trabajo o grupos, aunque también disfrute mucho de trabajar de forma autónoma. La independencia es uno de sus valores principales, y le gusta hacer las cosas a su manera, sin interferencias ajenas.

Destaca asimismo su facilidad para marcar límites y darse prioridad. Si algo lleva en las entrañas, es el sano egoísmo, que cuando no está bien integrado puede convertirse en individualismo y egoísmo a secas. Otra de sus características es su carácter fuerte, con ataques de ira y agresividad, mejor o peor gestionados. Eso sí, siempre sin maldad ni premeditación. Podríamos decir que Aries es, a veces, víctima de sus impulsos y pierde las formas, pero que detrás de ese carácter explosivo suele haber una persona sincera, auténtica y sin doble cara. La franqueza y la transparencia acostumbran a ser parte de su identidad, tanto que puede llegar a incomodar a los demás con su sinceridad y su forma directa de comunicar. En conclusión, el tacto y la sutileza no son lo suyo.

La diplomacia y ser políticamente correcto le importan

poco, y, por supuesto, no teme al conflicto. No hay cosa que le haga perder más la paciencia que andarse con rodeos en lugar de ir al grano.

Es también un signo con infinita energía que está siempre en movimiento, y por ello las personas con energía de Aries suelen ser deportistas y descargar el exceso de energía con actividad física o proyectos en los que puedan canalizarlo. Cuando no lo descargan están inquietos e irascibles, por eso en la consulta les recomiendo mucho hacerlo (igual que a las personas con energía de Escorpio). Para Aries no hay mejor receta para el bienestar que el deporte o cualquier actividad en la que pueda liderar o dirigir, y es común que sienta atracción por los deportes de riesgo y otras actividades que le hagan liberar adrenalina.

Aries simboliza, por otro lado, el nacimiento de todas las cosas. Recordemos que es el primer signo del zodiaco y su energía se asemeja a la de un bebé, ensimismado consigo mismo y centrado en sus necesidades. No te ofendas si pierde el interés en lo que le estás explicando o si no empatiza con una situación difícil que le planteas. Aunque tiene un gran corazón, su tendencia natural es la de pensar en sus propias circunstancias y en sus próximos proyectos. El mundo precisa líderes y pioneros; para escuchar y empatizar hay otros signos.

En definitiva, no se trata de un signo emocional o que disfrute de estar en contacto con su lado más vulnerable. Donde haya adrenalina, retos y nuevas aventuras, ahí lo encontrarás, y su prioridad será siempre la de mirar por sus propios intereses. Ni el drama ni los problemas emocionales ajenos le harán parpadear y distraerse de sus metas. Aries es un explorador de la vida, y se dejará acompañar, aunque seguirle el ritmo no sea lo más fácil.

En su vocabulario no existe la palabra «miedo». Cuando cae se levanta con facilidad y sin mirar atrás, dispuesto a empezar una nueva etapa. Olvida el pasado con rapidez y se centra en el presente. El futuro es algo que no le preocupa excesivamente. La paciencia tampoco es uno de sus puntos fuertes, ya que Aries es símbolo de acción y chispa, y aunque le gustan los retos quiere llegar a la cima lo antes posible.

En el amor, como en todo, puede iniciar relaciones de forma apasionada y cansarse enseguida, pero con la madurez aprende a mantener sus vínculos más allá de la subida de adrenalina inicial. Le apasiona hacer planes emocionantes con su pareja, y está garantizado que con un Aries al lado no habrá aburrimiento posible. Es un signo apasionado que expresa el amor a través de la sexualidad. Para él las relaciones íntimas son indispensables y una de las formas principales de conexión emocional con la pareja. Ahora bien, sobre todo el hombre Aries tiene tendencia a ir deprisa y a sacar su lado más primitivo, olvidando que en la sexualidad las cosas a veces se cuecen despacio. Además, sus ataques de ira y enfados pueden hacer mella en la relación y volverla conflictiva, a menos que su pareja tenga un carácter más conciliador. De lo contrario, la batalla está asegurada, aunque no es un signo rencoroso y olvida sin problemas. A veces pareciera que Aries conecta con el otro a través del conflicto, pero esto dependerá en gran parte de la combinación del Sol, la Luna y el ascendente y de otros aspectos de la carta.

En el ámbito laboral es un líder nato y de opiniones fuertes. Si bien puede herir sensibilidades con su forma directa de abordar las cosas, suele ser rápido y eficiente. Puede tener problemas con la autoridad, y su impulsividad y falta de autocontrol en ocasiones le juegan malas pasadas.

Cuando una persona tiene el Sol, el ascendente o la Luna en Aries pero no se siente identificada con las características del signo es posible que estas cobren la forma de un aprendizaje de vida. Por ejemplo, el aprendizaje de aprender a ser independiente y sanamente egoísta, poniendo límites a los demás. Sean cualidades ya integradas o no, la energía ariana está presente de manera evidente o como semilla.

El planeta regente de Aries es Marte, que en la mitología romana es el dios de la guerra, la virilidad masculina, la violencia, la valentía y la sexualidad.

Palabras clave	Acción, determinación, sano egoísmo, energía, iniciativa, vitalidad
Arquetipos	El guerrero, el líder, el emprendedor, el pionero, el superviviente, el deportista
Elemento	Fuego
Planeta regente	Marte ♂

Celebridades con el Sol, la Luna o el ascendente en Aries	Sol en Aries: Lady Gaga, Elton John, Sarah Jessica Parker, Emma Watson, Charles Chaplin
	Ascendente en Aries: Shakira, Morgan Freeman
	Luna en Aries: Angelina Jolie, Whitney Houston

♉ Tauro

Tauro es el segundo signo del zodiaco y está representado por el toro, símbolo de estabilidad y fertilidad. Es un signo de tierra y las características que lo definen son la seguridad, la permanencia, la búsqueda del confort y del placer, la sensualidad y la conexión con los cinco sentidos. La energía de Tauro está vinculada con el dinero, las posesiones y la Madre Tierra.

La persona con el Sol. la Luna o el ascendente en Tauro suele caracterizarse por la búsqueda de estabilidad y la aversión al cambio. Si algo está claro, es que desea construir un entorno seguro y predecible, y no hay cosa que le ocasione más malestar que la incertidumbre, los cambios repentinos y la inseguridad económica. Sí, querrá construir una estabilidad en todos los ámbitos de la vida, pero sobre todo financiera. Al ser un signo muy ligado a lo material y las posesiones, necesita la estabilidad económica para tener paz y tranquilidad. Un sueldo fijo y unos ahorros serán sus mejores aliados.

Se trata también de uno de los signos que más facilidad tienen para generar dinero, una cualidad que probablemente comparte con su congénere de tierra, Capricornio. Algunos Tauro son capaces de convertir todo aquello que tocan en oro. Claro que muchos otros mantienen ese don escondido tras capas y capas de creencias limitantes y suelen darse cuenta de ello más tarde que temprano. De una u otra forma, la relación con el dinero cobra especial importancia a lo largo de su vida, sea por la abundancia sea por las dificultades.

No obstante, aparte de la estabilidad en su vida y en sus finanzas, lo que Tauro valora por encima de todo es el disfrute y el placer. Un masaje, una cena, ver una puesta de sol, dormir diez horas seguidas, una degustación de quesos o hacer el amor. Las experiencias sumamente sensoriales y gozosas son un sueño hecho realidad para las personas con energía de Tauro. Comparado con Virgo y Capricornio, los otros signos de tierra, es el único que tiene una conexión especial con el placer y los cinco sentidos. Lo que sí comparte con los demás es la practicidad y el valor que le da al mundo material: el dinero, el trabajo y todo lo que podemos ver y tocar. Por ello no suele ser un signo demasiado inclinado a la espiritualidad, pues solo cree en aquello que se aprecia con la vista (a menos que los otros elementos de la carta natal favorezcan la vertiente espiritual o esotérica).

Sin embargo, esa conexión con el placer y el disfrute puede llevarlo a no salir de la zona cómoda. La pasividad, la pereza y el miedo al cambio en ocasiones lo apremian a quedarse en una situación, relación o trabajo solo por seguridad. Ese es el verdadero punto débil de Tauro: la búsqueda de seguridad a toda costa, sacrificando la necesidad humana de crecer, cambiar y evolucionar. Es, sin duda, una energía conservadora que persigue la permanencia de todas las cosas. Uno de sus aprendizajes es cultivar la autoconfianza y la autoestima. A medida que va trabajando estos aspectos a lo largo de su vida, empieza a atreverse cada vez más a cambiar y arriesgar. Eso sí, con Tauro todo es lento. «Lento pero seguro» sería su lema. Una vez se atreve a cambiar o inicia un proyecto suele avanzar despacio, pero con paso firme.

Por otra parte, Tauro es un signo muy vinculado con la belleza y lo artístico, así que suele desarrollar una vocación, aficiones o habilidades en ese campo. Ya sea cantar, pintar o trabajar el barro, le fascina lo que es bello, y suele cultivar también la belleza física. Le da mucha importancia a la sensualidad. Además, siente una especial conexión con el planeta, con la Madre Tierra. No hay actividad que le recargue más las pilas que conectar con la naturaleza.

Por su obstinación y sus ideas fijas no acostumbra a cambiar de opinión y puede ser infinitamente tozudo. No solo es fiel a sus seres queridos, para quienes es predecible, sino que también se casa con sus ideas. Es un verdadero reto convencerlo cuando tiene una idea clara de cómo son o cómo deben hacerse las cosas. La energía de Tauro es como una roca que se mantiene firme e impasible mientras va recibiendo el golpe de las olas del mar. Pocos argumentos lograrán hacerlo cambiar o moverse de lugar. Por esa misma razón, suele ser un signo bastante perseverante una vez encauza su energía en una dirección. La paciencia es otra de sus grandes virtudes.

El aprendizaje de Tauro es disfrutar de los placeres de la vida y generar estabilidad en su vida sin caer en el estancamiento, aceptar que la vida es cíclica y que no hay nada permanente. Sin toma de conciencia y trabajo personal puede tender a la acumulación excesiva de posesiones, el apego a lo material, la pasividad, el estancamiento y el hedonismo.

En el amor busca una relación estable y a largo plazo, que le aporte seguridad y contribuya a su estabilidad financiera. Su lenguaje amoroso es muy físico, y necesita conectar con el otro a través del cuerpo, con un masaje, un paseo por la naturaleza, una comida o cualquier otra actividad que estimule sus sentidos. Es un signo muy sensual pero nada impulsivo, por lo que se tomará tiempo para conocer a la otra persona. La sexualidad es especialmente importante, y la disfruta con cada uno de sus sentidos y dándole un papel principal a la sensualidad. Lejos de la sexualidad rápida y fogosa de Aries, Tauro se toma las cosas con calma también en este terreno.

En el ámbito laboral está claro que Tauro busca un trabajo estable que le garantice seguridad económica. No tiene un perfil emprendedor, ya que no congenia con el riesgo y la in certidumbre, aunque con determinación todo es posible. Se le dan bien todos aquellos trabajos que requieran persistencia y paciencia, pues gracias a su testarudez alcanza cualquier objetivo que se proponga, aunque tarde años en conseguirlo. Además, tiene especial predilección por las finanzas, por los trabajos de la rama artística o por los que tienen que ver con la tierra y la naturaleza. El sueldo será uno de los factores principales que determinen su grado de bienestar.

En conclusión, la persona con energía de Tauro suele ser práctica, tiene los pies en la tierra y busca la estabilidad, la seguridad emocional y la financiera por encima de todas las cosas. Su energía es firme, fuerte y conservadora, y aunque puede caer en la pereza y evita el cambio a toda costa, lo que decide emprender tiene buenas perspectivas de llegar a buen fin gracias a su paciencia y paso firme. Debido a su testarudez a veces es poco flexible, y resulta difícil hacerlo cambiar de ideas y convicciones, pero esa misma obcecación le ayuda a hacer realidad sus sueños y alcanzar sus objetivos. Poco a poco va haciendo todo lo que se propone.

La persona que tiene el Sol, el ascendente o la Luna en Tauro pero no se identifica con las características del signo es muy probable que las integre en forma de aprendizajes. Por ejemplo, tratará de aprender a generar estabilidad económica y gestionar las finanzas, a conectar con el placer y el disfrute y sobre todo a valorarse y cultivar una autoestima fuerte.

Tauro tiene como planeta regente a Venus, que en la mitología romana es la diosa del amor, la belleza y la fertilidad.

Palabras clave	Estabilidad, seguridad, disfrute, placer, los cinco sentidos, confort
Arquetipos	La Madre Tierra, el banquero, el hedonista
Elemento	Tierra
Planeta regente	Venus ♀
Celebridades con el Sol, la Luna o el ascendente en Tauro	Sol en Tauro: Penélope Cruz, George Clooney, Cher Ascendente en Tauro: Melanie Griffith Luna en Tauro: Galileo

♊ Géminis

Géminis es el tercer signo del zodiaco y está representado por los mellizos, símbolo de dualidad. Es un signo de aire y lo caracterizan la comunicación, el pensamiento lógico y racional y los conocimientos. La energía de Géminis está muy vinculada con la agilidad mental, la curiosidad, la coordinación y el intelecto. Además, Géminis es el signo más ligado al comercio, y se considera uno de los signos intelectualmente más brillantes del zodiaco.

La persona con el Sol, la Luna o el ascendente en Géminis suele tener el don de la comunicación. No es de extrañar que entre los géminis se encuentren muchos periodistas, traductores, comerciales, profesores (también hay muchos que son sagitario) y hasta cantantes. Géminis a menudo habla varios idiomas y tiene como aficiones, entre muchas otras cosas, escribir o leer. Y recalco «entre muchas otras cosas» porque Géminis suele estar involucrado o interesado en numerosas actividades distintas para satisfacer su curiosidad infinita.

Algo que es muy característico de este signo es el don de simplificar conceptos muy complejos para que los comprenda todo el mundo. Así pues, no hay nadie mejor para resumir una clase de física cuántica y hacerla entendible. Lo más importante para Géminis es expresar sus opiniones y ser entendido, huyendo de filosofías abstractas. Esa misma facilidad para expresarse lo convierte en uno de los signos más sociales y simpáticos, y con sus palabras es capaz de defender cualquier posición o encandilar a la más arisca de las personas.

Sin duda, uno de los propósitos de Géminis es comunicar ideas, pero no se casa con ninguna de ellas. Lo que le importa realmente es el proceso de comunicación, y no el contenido. Por eso se le acostumbra a criticar su inconsecuencia y su «doble cara», ya que es capaz de cambiar de opinión en un segundo y sostener el punto de vista contrario. Puede parecer que no es de fiar y que es terriblemente contradictorio, sin embargo, lo cierto es que tiene la habilidad de apreciar todas las alternativas y opciones en una situación y le resulta difícil decidirse por una. No suele poner la mano en el fuego por una idea o ideología concreta, porque entiende que hay distintas realidades que coexisten y no una verdad absoluta. Si ayer te dijo que venía a la fiesta y hoy cambia de parecer, no te ofendas. Si ayer te quería y hoy siente que no, entiende que no hay maldad en ello. Es el signo del zodiaco que más facilidad tiene para cambiar de punto de vista, porque su mente está preparada para viajar entre infinitas opciones y perspectivas. Por eso se dice que es uno de los signos más brillantes en lo intelectual. Como es obvio, también es un fantástico vendedor. No hay nada que Géminis no pueda embellecer con sus palabras.

Géminis es camaleónico y versátil. Sabe cómo comportarse en cualquier situación y cómo hablar con personas con bagajes e ideologías completamente dispares. Se adapta sin esfuerzo a los cambios de la vida. Si hay algo que le encanta, es la variedad y los giros, porque es un signo muy inquieto y necesita novedad constantemente. ¿Qué lo condena a una muerte lenta? Una vida rutinaria y predecible.

Sin duda, la flexibilidad y la adaptabilidad son características inherentes a este signo. Por esto, a su tendencia al éxito laboral, se añade la soltura con que se desenvuelven en la vida y la falta de miedo para reinventarse una y otra vez. Además, son multifacéticos y tienen tantas habilidades distintas que pueden cambiar de carrera o de entorno sin parpadear dos veces.

Es habitual que en la mesilla de noche de un Géminis haya montones de libros dejados a medias. Este signo es una esponja que absorbe información y conocimientos con una facilidad inaudita, pero se aburre pronto y otros intereses llaman a su puerta. Por eso se encuentra realizando decenas de actividades distintas e inconexas: el club de lectura, las clases de cocina, las de chino y las visitas simultáneas a diez páginas web diferentes. Sí, Géminis es el signo multitarea por definición, pero la capacidad de hacer muchas cosas al mismo tiempo suele acarrear dispersión mental. Uno de los peligros de su inquietud es acabar haciendo de todo y nada o siendo un conocedor de numerosos temas pero experto en ninguno. Su curiosidad es demasiada para profundizar en una materia y perderse las demás. Y su mente funciona tan deprisa que le resulta complicado concentrarse en una tarea en lugar de hacer varias cosas a la vez. La cabeza de un Géminis es como una máquina que va a mil por hora y raramente descansa. De hecho, es habitual que le cueste conciliar el sueño y relajarse, justamente porque en su mente siempre hay un sinfín de ideas, preguntas y un eterno diálogo interno.

Así pues, la misma mente brillante que le permite aprender cualquier cosa con una rapidez incomparable a veces lo traiciona, ya que raramente le deja descansar. La mente de

Géminis va a toda velocidad y mantiene conversaciones incansables. Aunque le vendría genial meditar, para él es insufrible estar sentado y quieto más de unos minutos. Necesita muchos estímulos de los que nutrirse, cosa que puede transmitir una imagen de nerviosismo e inquietud.

Por miedo a perderse algo, Géminis es un signo que puede tener miedo al compromiso (a menos que haya otros elementos en la carta natal que indiquen lo contrario). Comprometerse implica escoger una opción y cerrar otras puertas, algo que Géminis no suele llevar muy bien. Al fin y al cabo, ¿quién le garantiza que el camino elegido es el mejor? Le incomoda renunciar a probar otras posibilidades y otros rumbos en la vida, porque en el fondo a Géminis le gustaría hacerlo todo. Cuando eso no es posible y debe elegir, a veces cae en la famosa «parálisis por análisis» al sopesar los pros y los contras de cada situación, olvidándose de conectar con su lado más emocional y su instinto. Tiene una mente privilegiada, pero atraviesa periodos de muchas dudas e incertidumbre hasta que se compromete con una opción.

Como signo de aire, Géminis es muy mental y tiende a racionalizar todo lo que le ocurre, incluso sus sentimientos y emociones. Tiene la capacidad de observar una situación desde un punto de vista objetivo, alejándose del emocional. Lo que lo diferencia de Libra y Acuario es, además de la aptitud para la comunicación, su tolerancia con los demás y con otras ideas. Ahora bien, el hecho de racionalizar sus pensamientos y emociones a menudo lo distancia de su verdadera forma de sentir y de su cuerpo, priorizando la racionalidad por encima de todo.

Se lo califica injustamente de superficial, cuando en realidad puede tener mucha profundidad emocional. Lo que sí es cierto es que prefiere compartir ideas distintas en lugar de profundizar en un tema concreto, y que no hay nada que le repela más que el drama. Si se quiere mantener un Géminis cerca, las conversaciones livianas y el intercambio de información sin carga emocional serán el mejor modo de conseguirlo. El drama lo dejamos para los signos de agua.

En el amor, Géminis busca un compañero con quien debatir, hablar y compartir sus vivencias. Se inclinará por una persona intelectual a la que pueda admirar por su mente. Dependiendo de su carta natal al completo, puede tener cierto miedo al compromiso o dudar mucho cuando debe tomar decisiones amorosas. Su lenguaje para el amor se basa en compartir ideas, vivencias y conversar con el otro, así que no hay nada que lo aleje más de su pareja que el silencio. La amistad, al igual que en Acuario, es un elemento primordial dentro de la relación. Su inquietud mental puede hacerle cambiar de parecer y tomar la decisión de abandonar o embarcarse en una relación tras haber adoptado otro punto de vista. Debido a que Géminis representa la dualidad y la idea de que no hay una única realidad, puede tener ideas o emociones que parezcan abiertamente contradictorias: amar a su pareja con todas sus fuerzas pero al mismo tiempo desear variedad y novedad, por ejemplo. Es importante entender que esta faceta no significa que sea poco de fiar o inconsecuente, porque Géminis muestra que podemos tener varias personalidades en una, distintos deseos y necesidades aparentemente incompatibles. Aunque todos los seres humanos podemos encontrarnos en estas disyuntivas, Géminis es la pura expresión de la dualidad.

En el ámbito laboral, queda claro que Géminis es uno de los signos más exitosos por su agilidad mental, adaptabilidad y facilidad para expresar sus ideas. Su reto es no aburrirse enseguida y no dispersar su energía en demasiadas actividades o profesiones, para acabar convirtiéndose en conocedor de mucho pero experto en nada.

Los mellizos, símbolo de Géminis, representan su vertiente multifacética y la capacidad de adoptar distintos puntos de vista, opiniones y hasta personalidades diferentes dependiendo de las circunstancias, así como su habilidad para apreciar dos o más realidades en una misma situación.

Cuando una persona tiene el Sol, el ascendente o la Luna en Géminis pero no se reconoce en la descripción de este signo, es muy probable que deba aprender a comunicarse, hacerse escuchar, compartir sus ideas y abrirse a nuevas perspectivas en su vida.

Géminis tiene como planeta regente a Mercurio, que en la mitología romana es el dios del comercio y la comunicación, y desempeña el rol de mensajero.

Palabras clave	Comunicación, intelecto, pensamiento, dualidad, tolerancia, mente racional, versatilidad, camaleón, opciones
Arquetipos	El comercial, el traductor, el periodista, el que cuenta historias
Elemento	Aire
Planeta regente	Mercurio ☿
Celebridades con el Sol, la Luna o el ascendente en Géminis	Sol en Géminis: Donald Trump, Johnny Depp Ascendente en Géminis: Sandra Bullock, Will Smith Luna en Géminis: Barack Obama

Cáncer

Cáncer es el cuarto signo del zodiaco y está representado por el cangrejo, un animal de cuerpo blando protegido por un duro caparazón. Es un signo de agua y los atributos que lo definen son la sensibilidad, las emociones y los cuidados. Así pues, es el signo cuidador por excelencia.

La persona que tiene el Sol, el ascendente o la Luna en Cáncer suele ser muy maternal. Entre sus principales cualidades está la de saber sostener y cuidar, cosa que practica tanto en su vida personal como en la profesional. Por lo general tiene hijos o, si no, acaba cuidando a otras personas y haciéndose cargo de ellas. Sin embargo, esta cualidad puede extenuarlo si se olvida de cuidarse a sí mismo en primer lugar.

La familia es una de sus prioridades y el pilar de su vida. Como es tan maternal, bien con los hijos, bien con sus animales, amigos, compañeros de trabajo y hasta con la pareja, corre el peligro de terminar ejerciendo de madre cuando no le toca, y acostumbra a tener que aprender a poner límites.

Uno de sus propósitos es formar un hogar donde sentirse realmente a gusto. A veces tiene la sensación de crear un nido con su propia familia, pero también puede encontrar satisfacción y lograr estabilidad emocional y familiar con una pareja, un animal de compañía o unos amigos a los que considere familia. No hay nada que le haga más feliz que estar con los suyos, aunque no tenga parentesco de sangre con estos, ya que puede vincular ese sentido de pertenencia a otros entornos. Aunque, por qué engañarnos, para la mayoría de las personas con energía canceriana la sangre sí importa. Con lo que más se le ilumina el rostro es con la palabra «familia», y si la relación con ella es mala, esto se convierte en un lastre que carga con mucha más pena que otros signos.

Cuando está a gusto y con las personas de su círculo, Cáncer es un líder fantástico. Se le da bien dirigir proyectos y equipos, y una vez se siente cómodo en un grupo, su humor y carisma no pasan desapercibidos. Poco tiene que ver con la imagen tímida y cerrada que muestra a desconocidos, y es que simplemente necesita tiempo para salir de su caparazón. No le resulta fácil abrirse y mostrarse al principio, pero cuando va adquiriendo confianza y se despierta en él ese sentido de pertenencia se transforma en una persona líder, divertida y muy cariñosa.

En el amor también le hace falta ir despacio al abrir su corazón, ya que es consciente de su vulnerabilidad y sensibilidad y la experiencia le ha enseñado a protegerse con su coraza. Eso puede exasperar a la otra persona y hacerle pensar que no hay interés o disponibilidad emocional, cuando lo que ocurre es que Cáncer tarda un tiempo en confiar y abrirse. En las relaciones afectivas su objetivo es sentirse como en casa con la otra persona y poder crear juntos una estabilidad familiar, sea del tipo que sea. En ocasiones ejerce el rol de madre o padre de su pareja y se excede en su actitud de cuidador, pero poco a poco aprende a mantener relaciones más equilibradas y a dejarse cuidar. De lo contrario, la relación se resiente, especialmente la vertiente erótica. Cáncer es un cuidador natural, pero debe aprender a cuidar sin llegar al punto de dinamitar la dinámica propia de una relación de pareja.

Aunque Cáncer no confía de primero en cualquiera, una vez abre su caparazón es un signo entregado y que tiene mucho apego a sus seres queridos. Sin embargo, su deseo de ser amado y aceptado puede hacerle caer en la dependencia emocional. Es uno de los signos más propensos a ella porque su necesidad de experimentar el sentimiento de pertenencia, cobijo y seguridad es tan poderosa que, de no satisfacerse, puede sentirse completamente perdido y desamparado. Haría cualquier cosa para sentir que pertenece, para estar con los suyos, y eso hace que su felicidad y bienestar acaben en gran parte condicionados por otros.

Además, le cuesta salir de su zona de confort y tiene tendencia a quedarse en lo conocido: la frase «más vale malo conocido que nuevo por conocer» lo define en algunos casos. Prioriza la estabilidad emocional por encima de todo y, por supuesto, detesta los cambios. En este sentido se parece a Tauro, aunque Cáncer busca la estabilidad emocional y familiar más que la financiera.

Cáncer tiene fama de lunático porque es el signo más conectado con la Luna y sus ciclos, y su estado de ánimo cambia muy a menudo. Sus emociones fluctúan de forma muy notoria y sus cambios de humor pueden desconcertar a cualquiera. Con Escorpio y Piscis, los otros signos de agua, comparte la profundidad emocional, la empatía y el interés por el esoterismo y la espiritualidad, pero lo que lo hace único es, además de su actitud cuidadora, su máscara para defenderse de la dureza del mundo. En pocas palabras, Cáncer es duro por fuera y blando por dentro. Al fin y al cabo, estamos hablando del cangrejo del zodiaco, un animal que parece rígido pero que en realidad protege una grandísima vulnerabilidad que solo enseña a algunos afortunados. Cuando Cáncer se siente atacado o está dolido se encierra en su caparazón hasta recuperarse del mazazo, y solo se deja ver una vez ha sanado. Ni lo busques ni intentes hablar con él mientras permanece encerrado en su cueva: será inútil y solo conseguirás interferir en su proceso de curación.

Cáncer es un signo melancólico, pues está muy conectado con el pasado. Uno de sus aprendizajes es dejar de romantizar experiencias y relaciones pasadas, ya que tiende a pensar que siempre fueron mejores que lo que le depara el futuro. Además es conservador, suele apreciar mucho las tradiciones y, en algunos ámbitos, echa de menos cómo se hacían las cosas en otros tiempos. Las tradiciones, los valores familiares y las costumbres de antaño son para Cáncer un verdadero tesoro.

La relación con la madre acostumbra a ser un factor importante de su vida, tanto si es una relación cercana como si no. Cuando no es satisfactoria, Cáncer lleva esa espina en el corazón a lo largo de su vida adulta. No hay signo más conectado con la familia, sobre todo con la figura de la madre. Algunos tienen una relación muy estrecha con ella, y todos los demás desean tenerla con todas sus fuerzas.

En el ámbito laboral, es evidente que Cáncer resalta en todas aquellas profesiones que impliquen cuidar o sostener a otros emocionalmente. He visto personas con el Sol, la Luna o el ascendente en Cáncer trabajando en campos tan distintos como la enfermería, la cocina, la terapéutica o los niños, pero el denominador común es su habilidad para los cuidados. En ocasiones estas habilidades se expresan en la vida privada, con la dedicación a los hijos u otros familiares, mientras se desarrolla una carrera laboral que nada tenga que ver con los cuidados. En definitiva, lo que define a Cáncer es la búsqueda de seguridad emocional, sentimiento de pertenencia y estabilidad familiar. Para este signo, la familia es una prioridad absoluta, sea de sangre o no. Busca estar en un entorno seguro y sentirse parte del clan. El mejor plan posible para él sería ver una película en compañía de los suyos, con manta y sofá.

Cuando una persona con el Sol, el ascendente o la Luna en Cáncer no se siente identificada con estas características, debe hacer un aprendizaje importante en relación con la familia, la madre, la estabilidad emocional y familiar, y la construcción de un hogar donde se sienta a gusto. En estos casos es especialmente importante hablar de la dependencia y de aprender a cuidar y dejarse cuidar.

El planeta regente de Cáncer es la Luna, que en astrología simboliza el hogar, la familia y las necesidades emocionales, como veremos más adelante.

Palabras clave	Hogar, familia, estabilidad emocional, clan, tribu, maternidad, cuidados, raíces, apego
Arquetipos	Madre, cuidador, familia, aquel que nutre y alimenta, el hogareño, el lunático
Elemento	Agua
Planeta regente	Luna ☾
Celebridades con el Sol, la Luna o el ascendente en Cáncer	Sol en Cáncer: Frida Kahlo, Pablo Neruda Ascendente en Cáncer: Julia Roberts, Vincent Van Gogh Luna en Cáncer: Mariah Carey

Leo es el quinto signo del zodiaco y está representado por el león, rey de la sabana y símbolo del corazón, la elegancia y el orgullo. Es un signo de fuego y se caracteriza por la creatividad, la autoexpresión y la exhibición de los propios dones y talentos.

De la misma forma que un león pasea seguro por la sabana, la persona con el Sol, el ascendente o la Luna en Leo suele caminar por la vida con paso firme y la cabeza bien alta. No es casualidad que tenga una elegante cabellera u otros atributos físicos que llamen la atención y que vista con ropa colorida o extravagante. Leo no quiere pasar desapercibido porque hacerlo sería un desperdicio para la humanidad.

Así pues, si hay algo que adora, es ser admirado y que otras personas aprecien sus capacidades. Para entender la energía de este signo podemos imaginar una sala con miles de espectadores y a Leo en medio del escenario. No es que le guste llamar la atención de forma superficial (al menos, no siempre); simplemente sabe cuáles son sus talentos y dones y se enriquece compartiéndolos con el mundo. Mostrar su brillo le hace feliz, y más aún cuando los demás lo aprecian. He aquí su gran necesidad: ser visto y ser apreciado por otros. El único riesgo que corre es amoldarse a cualquier moda o conducta para ser valorado y aceptado, de modo que se enfrenta al aprendizaje de compartir con autenticidad, sin buscar la valoración a toda costa. Aunque muchos Leo sean tímidos y no se identifiquen con esta descripción, en el fondo de su corazón desean destacar y ser vistos.

Debido a esta necesidad de destacar y ser admirado, en ocasiones puede caer en conductas un poco egocéntricas y exhibicionistas. ¿Quién no ha tenido un amigo con mucha energía leonina que apenas le deja hablar porque está demasiado ocupado explicando cada detalle de su vida? Leo no suele ser consciente de ello y no lo hace con maldad, sino porque necesita sentirse visto, escuchado y apreciado por los demás.

Pero si hay algo que Leo adora por encima de todo es sentirse especial, así como saber que es importante y esencial para el otro. Detesta ser «uno más» y persigue tener la certeza de que goza de preferencia en la vida de sus seres queridos.

En el amor entrega de lleno su corazón a la otra persona y es muy apasionado, pero suele necesitar muchas muestras de valoración por parte de su pareja y que lo alaben constantemente. Al fin y al cabo, es el rey de la sabana y así quiere que le traten. De lo contrario, puede creer que no lo aman, cuando lo que ocurre es que la pareja expresa el amor de otra manera. Es muy teatral y elocuente en todas las facetas de su vida, y sus reacciones emocionales son dignas de un Oscar. Cuando está conectado con actividades que lo llenan deja de buscar tan desesperadamente muestras de valoración externas, y con la madurez aprende a buscar su propio aplauso en lugar de esperar el de los demás.

Tanto en las relaciones como en otros ámbitos de su vida, Leo quiere jugar y pasarlo bien. La monotonía, la rutina y el aburrimiento son una auténtica pesadilla para este signo.

Suele tener una personalidad entusiasta y la diversión debe formar parte de su día a día. En este sentido muestra semejanzas con los otros signos de fuego, Aries y Sagitario, que también precisan nutrirse de la diversión y el juego para sentirse plenos.

Leo es el signo del corazón. Se entrega a sus seres queridos y disfruta ayudándolos como nadie. Suele tomar decisiones y actuar basándose en sus sentimientos y su fuego interior más que en la fría racionalidad. Cuando da con el corazón, sin esperar reconocimiento ni obtener nada a cambio, conecta con su poder y su propósito.

Asimismo, es símbolo de creatividad, pasión y autoexpresión, y por ello hay muchísimos actores, cantantes y personajes públicos con el Sol, el ascendente o la Luna en Leo. Jennifer Lopez, cantante conocida en todo el mundo, tiene el Sol y el ascendente en Leo, y encarna perfectamente esta energía. La confianza, el orgullo y las ganas de exhibirse y mostrar su talento se palpan en cada una de sus actuaciones, expresados también a través de su vestuario deslumbrante y llamativo. Ningún brillo es excesivo para Leo, porque ha venido a destacar (o a aprender a hacerlo, si es algo que le resulta incómodo de primero).

Como el león, suele ser un líder nato. Aunque otros signos, por ejemplo Aries, comparten esta cualidad, lo que distingue a Leo es su inteligencia social. Sus habilidades para relacionarse, su saber estar y su poder de seducción le ayudan a dirigir con éxito equipos o proyectos. Un valor que también lo define es la lealtad: no fallará a los suyos ni a nadie que sea digno de su corazón. Ahora bien, es al mismo tiempo orgulloso y no dará su brazo a torcer ante una persona que no lo merezca. Bondad sí, pero dignidad, aún más.

Sin duda alguna, el orgullo es una característica importante del carácter leonino. Es habitual que publique a los cuatro vientos sus logros y los de sus seres queridos. Si bien en algunos casos ese orgullo da lugar a la ostentación, en general se trata simplemente de facilidad para celebrarse y reconocer el propio valor.

Para hacer feliz a Leo dile lo bien que le queda ese vestido o lo mucho que te ha gustado su presentación. Los cumplidos son música para sus oídos, pero a su vez él tiene la capacidad de elogiar y decirte justo aquello que necesitas en un momento determinado. Como ya hemos mencionado, es uno de los signos con más inteligencia social y acostumbra a relacionarse con otras personas y conectar con ellas con facilidad. Eso sí, a menudo acaba protagonizando o liderando las conversaciones, cosa que puede ser un poco desconcertante. Al igual que Libra, suele ser un fantástico huésped y adora los encuentros y reuniones sociales.

En el ámbito laboral, además de ser creativo, desea sentirse valorado y alabado; de lo contrario, no permanecerá en un trabajo demasiado tiempo. Regalarle los oídos es una fantástica estrategia para que haga su trabajo aún mejor. Puede ser un buen líder y por ello a menudo dirige equipos o proyectos.

En definitiva, Leo nos enseña a sacar fuera todo aquello de lo que estamos orgullosos. Muchas personas con el Sol, el ascendente o la Luna en este signo creen no poseer su energía porque para ellos se trata de un aprendizaje que deben realizar a lo largo de su vida. Me he encontrado con decenas de Leo muy tímidos e introvertidos, cuyo mayor miedo es ser el centro de atención y destacar. Aunque puede parecer paradójico, esta actitud tiene mucho sentido, porque vivir esta energía y aprender a destacar, compartir sus talentos, brillar y liderar es su camino de vida.

El planeta regente de Leo es el Sol, que en astrología simboliza nuestro brillo, identidad, vitalidad, energía creativa y sentido de la individualidad.

Palabras clave	Corazón, creatividad, autoexpresión, orgullo
Arquetipos	El rey, el actor, el director, el líder, el protagonista
Elemento	Fuego
Planeta regente	Sol ☉
Celebridades con el Sol, la Luna o el ascendente en Leo	Sol en Leo: Jennifer Lopez, Madonna Ascendente en Leo: Marilyn Monroe, Meryl Streep Luna en Leo: Tom Cruise

♍ Virgo

Virgo es el sexto signo del zodiaco y está representado por la virgen, una mujer símbolo de pureza pero también de fortaleza y fertilidad. No se trata de una virgen frágil, sino de una virgen conectada con la Madre Tierra y sus ciclos. Es un signo de tierra y se relaciona con el trabajo, el servicio, la practicidad, el pensamiento crítico y el análisis.

Así pues, Virgo es uno de los signos más vinculados al trabajo. Para la persona con el Sol, el ascendente o la Luna en este signo suele ser muy importante realizarse profesionalmente. Aunque otros signos como Capricornio también dan mucho valor al mundo laboral, para Virgo el trabajo se convierte en una forma vital de ser útil al mundo y a la sociedad, de dar servicio y sentirse realizado. Si hay algo que lo conecta con su poder y le aporta bienestar y felicidad, es precisamente esto: sentirse útil, sentir que está aportando algo y ayudando a los demás, tanto en lo personal como en lo profesional. Para Virgo es difícil comprometerse en actividades que no tengan un fin práctico, y nada detesta más que perder el tiempo.

Es uno de los signos de mente más brillante, junto con Géminis, y se le da fenomenalmente bien organizar y coordinar proyectos. Es capaz de optimizar y mejorar cualquier cosa. Una de sus virtudes, que a menudo se convierte en defecto, es la habilidad innata para ver todos los detalles que deben mejorarse en un proyecto o situación. Claro que eso también lo hace con las personas, lo cual puede llegar a ser irritante, ya que tiende a fijarse siempre en los defectos o aquello que tiene que corregirse. De ahí viene su fama de ser el signo más crítico, y está del todo justificada. Decir que es perfeccionista se queda corto. ¿Limpiaste toda la casa? Virgo estará encantado, pero verá la única mota de polvo que queda. ¿Te casaste con un Virgo? Puede ser encantador, pero no dudes que encontrará todos tus defectos para señalarlos y ayudarte a mejorar, como si de un proyecto se tratara. No lo hace por maldad, sino porque no puede evitarlo: su mente brillante es una máquina de precisión que persigue la excelencia en todo lo que le rodea. Por otro lado, es muy autocrítico y tiene esa misma actitud consigo mismo: siempre está tratando de mejorar como persona y como profesional. El problema surge cuando la búsqueda de la perfección propia y ajena lo lleva a la insatisfacción.

Virgo suele ver el vaso medio vacío en la mayoría de las situaciones. Se considera a sí mismo realista, en cambio, acostumbra a ser bastante escéptico y no se da permiso para soñar, confiar y pensar en grande. He conocido a muchas personas con energía de Virgo dignas de un premio Nobel que se cortan las alas a ellos mismos. Aunque tengan una alta autoestima, no ven todas las opciones que les ofrece el mundo. ¿Quieres emprender y dejar un trabajo de toda la vida? Virgo te recordará las pocas perspectivas de éxito que tienes según las últimas estadísticas. Confiar es poco útil para ellos. Ahora bien, no es un signo con miedo al cambio, como Tauro o Cáncer. Simplemente es escéptico respecto a sus posibilidades y las de otras personas, y se asegura de tener la situación muy dominada antes de dar un paso como este. En definitiva, Virgo suele confiar poco en la vida y en el universo y prefiere tener el control de las cosas. ¿Por qué fluir e improvisar cuando se puede planificar el viaje a conciencia?

Como es de esperar, gracias a su ojo crítico y su perfeccionismo es uno de los signos con más tendencia al éxito laboral. Tiene una mente analítica y es eficiente y productivo. Por ello hay muchos Virgo de Sol, ascendente o Luna con profesiones muy técnicas, que requieren una gran atención al detalle, coordinación y sistematización.

El orden es sumamente importante en su vida, y le da paz vivir en un entorno limpio y regulado. No hay nada que lo desquicie más que el desorden y la suciedad. Y no es un secreto que muchos Virgo son un poco maniáticos. Además del orden en su casa, Virgo necesita tener su vida bien organizada. Es habitual que haga listas de tareas (que, por cierto, adora ir tachando una vez completadas) y prepare un plan u horario bastante claro para su día a día.

Precisamente las rutinas son clave para este signo. Planear sus días con diferentes actividades que le hagan feliz y repetir esa misma rutina a lo largo de las semanas le da tranquilidad. A Virgo no le gusta improvisar, y aunque pueden sentarle bien unas vacaciones, en el fondo se siente más a gusto con su rutina habitual: el café de la mañana, el yoga, el trabajo, el zumo verde, las cremas de la cara y a dormir. La repetición de buenos hábitos es esencial para su bienestar, y no hay nadie más perdido que un Virgo sin una rutina semanal de su agrado y que le siente bien tanto física como mentalmente. Cuando la rutina viene impuesta por obligaciones que no contribuyen a su paz mental y bienestar empiezan los problemas.

Si Virgo no está centrado o feliz con su vida, su cuerpo lo expresa de forma tajante. Es uno de los signos más conectados con el cuerpo —otro es Tauro—, y tiende a somatizar todo lo que le ocurre. Muchas personas con energía Virgo sufren de problemas digestivos y otros trastornos menores que son el reflejo de su descontento o malestar emocional. Nuestro cuerpo suele llamarnos la atención para mostrarnos lo que no está bien internamente, pero en el caso de Virgo, esta conexión es aún más profunda.

Cuidar el cuerpo es esencial para este signo, y por ello Virgo está muy vinculado con la nutrición, el deporte y los hábitos saludables. En casos extremos, el perfeccionismo y la autocrítica pueden llevarlo a ser demasiado estricto y poco flexible con estos hábitos. Muchas personas con energía de Virgo trabajan en el ámbito de la salud y practican actividades que se requieren la intervención de las manos o el cuerpo (masajes, artesanía, etcétera).

En el amor, su practicidad también se hace patente. Virgo no suele ser demasiado romántico, y cuando algo no es práctico no le interesa. A veces tiene la mala costumbre de fijarse en todo lo que no le gusta de su pareja en lugar de resaltar lo positivo, porque su mente se centra siempre en buscar la perfección. Su carácter crítico puede resultarle hiriente a la otra persona, especialmente si es muy sensible, pero un aspecto muy positivo de Virgo como pareja es que suele mostrarse muy razonable, huir del drama y ser detallista y servicial.

En definitiva, Virgo es el signo del trabajo, el servicio a los demás, el cuidado del cuerpo a través de hábitos saludables, el orden, el control y el perfeccionismo. Su aprendizaje es entender que no puede controlarlo todo y que en la vida, a veces, hay que confiar y fluir. Las personas con el Sol, el ascendente o la Luna en Virgo que no se sienten identificadas con estas características puede que las tengan como energía que deben desarrollar o integrar, pues les falta aprender a cuidar de su salud, poner orden en su vida y ser útiles a los demás.

El planeta regente de Virgo es Mercurio, que en la mitología romana es el dios del comercio y la comunicación y desempeña el rol de mensajero. Comparte este planeta con Géminis porque ambos signos tienen en común el intelecto, la mente racional y la comunicación.

Palabras clave	Trabajo, servicio, control, orden, cuerpo, salud, organización y coordinación, practicidad, eficiencia, análisis
Arquetipos	El perfeccionista, el analista, el que sirve a los otros, el trabajador, el artesano
Elemento	Tierra
Planeta regente	Mercurio ☿

Celebridades con el Sol, la Luna o el ascendente en Virgo	Sol en Virgo: Stephen King, Salma Hayek Ascendente en Virgo: Steve Jobs Luna en Virgo: Madonna, John Kennedy

♎ Libra

Libra es el séptimo signo del zodiaco y está representado por la balanza, símbolo del equilibrio. Es un signo de aire y simboliza la armonía, la diplomacia, la belleza y las relaciones.

La persona con el Sol, la Luna o el ascendente en Libra suele buscar la paz, la armonía y el equilibrio en todas las circunstancias. No hay nada que le incomode más que el conflicto y las malas formas, y valora poder conversar y compartir ideas de forma civilizada. Para evitar el conflicto y la confrontación suele ceder y dejar a un lado sus puntos de vista y opiniones. En el fondo, la mayor necesidad de Libra es la de ser amado y aceptado por su entorno y por la sociedad, y no soporta estar mal visto. Sin embargo, el hecho de ceder y adaptarse constantemente al parecer de los demás hace que a menudo se olvide de su propia esencia y necesidades. Su gran aprendizaje es el de no perder su esencia y su individualidad para encajar y agradar. A medida que alcanza la madurez va adquiriendo capacidades para gestionar el conflicto en lugar de huir de él.

Para Libra es importante gustar y encajar en la sociedad. Por eso su estilo de vida y sus decisiones suelen ajustarse a las expectativas familiares o sociales. Con el tiempo, no obstante, va dándose cuenta de la importancia de mantenerse fiel a uno mismo y se va atreviendo poco a poco a ser diferente.

El saber estar y la empatía social de Libra son incomparables. No hay mejor anfitrión para una fiesta, ni nadie con su capacidad para quedar bien y caer en gracia. Ese es un don reservado para los librianos. Además de disgustarle el conflicto, es uno de los signos más encantadores, seductores y agradables del zodiaco. Raramente se ve a Libra perdiendo los nervios o las formas, porque da tanta importancia a las maneras como al contenido de sus palabras. Del mismo modo, le resulta tan indispensable ser feliz como parecerlo. Procura mantener siempre las apariencias, no porque quiera proyectar una imagen falsa, sino porque valora de verdad la armonía, el saber estar y la elegancia. Aún recuerdo a una clienta que me contaba que lo pasaba realmente mal cuando su marido se enfadaba y expresaba su descontento en plena calle. Para ella no había nada más humillante y embarazoso, pero su marido tenía el Sol en Aries y era tan transparente como el agua con sus emociones.

Más allá de su trato encantador, su empatía social y su facilidad para tender puentes y cooperar con otros, Libra es un signo muy centrado en las relaciones. Por decirlo de alguna manera, Libra se encuentra a sí mismo a través del otro, y sus relaciones de pareja tienen tal trascendencia que suelen ser una parte central en su vida. Su propia identidad tiende a desdibujarse cuando tiene pareja estable, y cede y se adapta a cualquier circunstancia para mantener la armonía de la relación. Su aprendizaje es, también en el ámbito de las relaciones, preservar su esencia e individualidad. Esto es así en asociaciones de todo tipo, por ejemplo, con socios comerciales.

Cuando Libra no tiene pareja saca sus armas de seducción y no le cuesta nada atraer a las personas a su vida. Pero una cosa debe quedar clara: que sea agradable y hasta flirtee contigo no significa que le gustes de verdad. Coquetear es algo innato para Libra. Además, al ser un signo de aire, su mente racional siempre va por delante de su corazón, y a veces no sabe lo que siente. Su gran talón de Aquiles es la indecisión, que se manifiesta también en el amor, porque a menudo se desconecta de sus sentimientos y lo analiza todo con la mente.

Así pues, las relaciones son o bien uno de los pilares de su vida o bien su aprendizaje más necesario, y gracias a compartir la vida con otro se desarrolla como persona. En el amor, Libra busca poder compartir momentos agradables con la pareja y crear un ambiente armónico, a menos que su Venus u otros aspectos de la carta natal marquen una tendencia distinta. Para sentirse amado, Libra requiere grandes dosis de romanticismo, diálogo y mantener el conflicto a raya.

Volviendo al tema de la indecisión, Libra es, efectivamente, un signo que suele dudar mucho y le hace falta tiempo para decidir. En este sentido tiene similitudes con los demás signos de aire, ya que tanto Géminis como Acuario tienden a racionalizar sus sentimientos y conectar más con la razón que con el corazón. La balanza, símbolo de Libra, representa el hecho de sopesar las diferentes opciones y posibilidades en todos los ámbitos de la vida, lo cual lleva a este signo a dudar en exceso y a quedarse estancado a menudo. Suele buscar el apoyo de sus seres queridos para tomar decisiones importantes, olvidando que cada persona tiene su propia perspectiva e historia de vida y no hay una visión correcta. Debe aprender a confiar en su criterio, ya que depende demasiado del respaldo y la opinión de los demás.

Libra es sinónimo de arte y belleza. En general da mucha importancia a la imagen y a la apariencia física, y se adapta a los cánones estéticos de su grupo social o su entorno. Puede gustarle la moda, el arte, la decoración y cualquier disciplina relacionada con la belleza y la estética. Además suele tener dones artísticos. En cuanto a las profesiones que desempeña, hay muchos abogados y políticos con energía libriana. En el trabajo es una persona amigable y educada, con un don de gentes incomparable, pero debe aprender a gestionar el conflicto y a hacer valer sus puntos de vista.

Cuando una persona que tiene el Sol, la Luna o el ascendente en Libra no se reconoce en estas descripción, es probable que las características mencionadas sean una energía pendiente de desarrollar o integrar. Esta persona debe aprender a relacionarse de forma equilibrada y armónica y abrir el corazón para establecer vínculos sanos con los demás.

El planeta regente de Libra es Venus, que en la mitología romana es la diosa del amor, la belleza y la fertilidad. Comparte este planeta con Tauro, porque ambos signos tienen una conexión especial con la belleza. Libra conecta más con Venus en el ámbito estético, mientras que Tauro conecta más con la vertiente de Venus que hace referencia al disfrute y el placer.

Palabras clave	Armonía, belleza, equilibrio, cooperación, diplomacia
Arquetipos	El artista, el diplomático, el amante, el pacifista
Elemento	Aire
Planeta regente	Venus ♀
Celebridades con el Sol, la Luna o el ascendente en Libra	Sol en Libra: John Lennon, Olivia Newton-John Ascendente en Libra: Britney Spears, Beyoncé Luna en Libra: Leonardo Di Caprio

♏ Escorpio

Escorpio es el octavo signo del zodiaco y tiene por símbolo el escorpión, un animal nocturno que pica con su aguijón cuando se lo molesta. Su picadura, que usa para defenderse y destruir a su enemigo, puede paralizar y hasta causar la muerte. Escorpio es un signo de agua y representa las emociones profundas, la transformación, el ave fénix o renacimiento y el poder. También todo aquello que es tabú: el sexo, la muerte y los procesos psicológicos intensos, como el duelo.

La persona con el Sol, el ascendente o la Luna en Escorpio suele ser muy reservada, aunque dependiendo de otros aspectos de la carta puede llegar a disimular este rasgo. Protege su intimidad y sus secretos a toda costa, y no acostumbra a compartir información de su vida que pueda ponerle en una posición de debilidad o vulnerabilidad frente a otras personas. Aunque es uno de los signos con más profundidad emocional y que siente más intensamente las cosas, es raro que lo exteriorice. Aun en la situación más difícil o más crítica, su cara de póquer puede hacerte pensar que nada le afecta, pero en realidad sucede todo lo contrario. Escorpio es el control personificado, y es capaz de modular cada expresión de su rostro para no dar ni la más mínima ventaja al enemigo. Es uno de los signos más estratégicos y quiere analizar bien una situación antes de mover ficha. Así que, aunque hierva de ira, consigue mostrarse impasible y hacerte creer que no se altera ni pizca.

La procesión va por dentro, sin embargo. Puede estar sumergido en un auténtico volcán emocional y que nunca lo sepas. Porque algo está claro: cuando Escorpio siente, lo hace con intensidad. No tiene escala de grises, es un signo de extremos. Pero para abrirle su corazón a alguien debe confiar en él. Y, honestamente, pocas personas hay en el mundo que para este signo sean dignas de su confianza. Ah, la confianza, esa gran desconocida. Para Escorpio, «confianza» es una palabra carente de significado.

Escorpio quiere tener el control de sus emociones y reacciones para proteger su intimidad, y también porque es muy consciente de su afilado aguijón. Si la otra persona no está a la altura, o él se siente atacado, es capaz de destrozar a su adversario o a quien le haya ofendido con solo dos palabras, pues sabe muy bien cuál es su punto débil y dónde le duele más. Sin embargo, pese a su fama, Escorpio no es malvado. Como el escorpión, clava el aguijón mortal cuando se siente agredido (que es a menudo), pero es un signo que tiene una grandísima sensibilidad, igual que los otros signos de agua, Cáncer y Piscis. En el fondo, solo intenta protegerse y salvaguardar su parte más vulnerable.

Además, Escorpio quiere controlar y afrontar con certezas todos los aspectos de su vida porque siempre imagina lo peor que puede pasar en cualquier situación. Si hay algún experto en prevención de riesgos, es este signo. En su cabeza se proyectan imágenes de las mil cosas terribles que podrían suceder. ¿El objetivo? Evitar el sufrimiento y prepararse para lo peor. Aunque es uno de los signos más resilientes y fuertes, sabe de primera mano lo que es el dolor y emplea todos los medios para evitarlo. No ha tenido una vida fácil y su mente está configurada para la supervivencia.

Así pues, si hablamos de resiliencia, Escorpio se lleva el premio. Es el signo del ave fénix y del renacimiento, cosa que le da carácter, de modo que es prácticamente indestructible. A menudo las personas con energía escorpiana han pasado por circunstancias difíciles en su vida y han sufrido, pero son capaces de resurgir de las cenizas y volar con más fuerza que nunca después de una situación traumática. Se encuentre lo que se encuentre en la vida, Escorpio lo aprovecha para transformarse, y no hay mejor signo para lidiar con las complicaciones. Por esa razón, muchas personas con energía escorpiana en su carta natal son terapeutas o psicólogos, o ayudan de alguna forma a otras personas que tienen dificultades.

Escorpio es experto en hacer cambios radicales de vida y reconstruirse después de la pérdida. A menudo, la vida lo lleva a dejarlo todo atrás y renacer múltiples veces, pero él también busca inconscientemente el cambio. De hecho, para Escorpio no hay nada más aburrido que una vida tranquila y predecible. Y aunque su mente racional le diga lo contrario, su inconsciente reclama la transformación constante. Aunque la capacidad de renacer es su gran don, algunas personas escorpianas viven esta energía de forma extrema y se pasan la vida destruyendo todo lo que consiguen para volver a empezar de cero. Esto les hace sentir la emoción de la adrenalina, ya que son expertos en reconstruirse de las cenizas y, a pesar del dolor, experimentan un gran crecimiento al hacerlo.

A veces provocan esa destrucción sin ser conscientes de ello, tomando decisiones sentimentales o de otro tipo que les causarán un inmenso dolor y una posterior transmutación.

La profundidad emocional de Escorpio, junto con su mente analítica, lo lleva a menudo a la paranoia y la obsesión. Si no toma conciencia de cómo canalizar su intensidad puede sufrir crisis tras crisis y olvidarse de disfrutar la vida. Porque si hay algo inherente en Escorpio, es la intensidad. A menudo recomiendo a los escorpio que acuden a la consulta que busquen actividades para reconducir la intensidad emocional y la energía, como el deporte. Para este signo, una mente desocupada es la casa perfecta para el diablo.

En definitiva, nada de Escorpio es ligero. Todo lo que vive lo siente de forma extrema. De igual modo, en el amor suele entregarse por completo o no hacerlo. Escorpio sabe lo que quiere y qué le gusta, no hay medias tintas. Si está interesado en ti, su energía y su entrega incondicional pueden llegar a abrumarte. En cambio, si le fallas, no da marcha atrás, y aunque quiera perdonarte su ego se lo pondrá difícil. Y hablando de cosas difíciles, a Escorpio a menudo le gustan las personas que le suponen algún tipo de reto o son complicadas. Tiende a buscar el ardor en sus relaciones, de forma más o menos consciente, y cuando no lo encuentra a través de la sexualidad es posible que provoque un conflicto o se ponga en situaciones complejas solo porque, en el fondo, es adicto a la adrenalina y necesita sentirse vivo. Así que, una vez ha encontrado la persona que le gusta (mejor dicho, la persona que le obsesiona), necesita vivir una relación muy intensa a través de la sexualidad y de la fusión emocional con el otro. Entablar una relación con Escorpio es fusionarse con él; las dos personas terminan siendo uno y ambas, tenga el final que tenga la relación, salen de ella transformadas por completo.

Escorpio está vinculado a lo tabú y lo políticamente incorrecto. Le apasionan temas como la sexualidad, la muerte, el esoterismo y todo aquello que la sociedad no se atreve a mirar de frente. Por eso lo mata de aburrimiento una conversación trivial de ascensor. Si quieres despertar su interés, háblale, por ejemplo, de la vida después de la muerte, y no de cosas banales. Tampoco se sentirá demasiado a gusto en una sobremesa en la que se charle de frivolidades, ya que su especialidad es explorar temas difíciles.

Un aspecto muy importante de Escorpio es que es el signo del poder. Las personas escorpianas tienen tendencia a acumular poder a lo largo de su vida, sea poder económico, sea de influencia o de cualquier tipo. No es casualidad que la mayoría de los presidentes de Estados Unidos y otras personalidades influyentes del mundo sean nativos de este signo o tengan destacados elementos de Escorpio en su carta natal. Es el caso de Joe Biden, Hillary Clinton o Bill Gates, entre otros. No obstante, cuando Escorpio no cree en su poder personal puede quedarse estancado en el miedo. Precisamente uno de sus aprendizajes es no dejarse llevar por el temor, confiar más en la vida y usar su gran poder para ayudar y empoderar a los demás. Muchas personas se quedan en el miedo, las fobias y la ansiedad, características también muy escorpianas, en lugar de darse cuenta del poder que tienen y tomar las riendas de su vida.

Una particularidad especial de Escorpio es su magnetismo. Ahí donde va suele llamar la atención, y no por su apariencia sino por la energía que desprende. Tiene algo que resulta simplemente hipnótico, y su mirada es tan profunda e intensa que penetra hasta las entrañas. Lo que está claro es que no deja a nadie indiferente, tanto si causa rechazo como admiración.

A nivel profesional, tiene especial predilección por el ámbito terapéutico o por cualquier trabajo que le permita empoderar y transformar a otras personas. Siendo el signo más vinculado con lo tabú, el poder y los secretos, pueden interesarle trabajos relacionados con la psicología, la investigación, el esoterismo, la sexualidad o la política, por ejemplo.

En definitiva, Escorpio no es un signo fácil, y tampoco suele ser el más alegre y divertido. Sin embargo, es uno de los signos más resilientes y con más poder del zodiaco. Cuando Escorpio es consciente de su fuerza y su magnetismo, no hay nada que se le resista en la vida. Su personalidad y su energía pueden hasta ser embriagadoras, sin ningún motivo aparente.

Cuando una persona con el Sol, la Luna o el ascendente en Escorpio no cree tener estas características, es probable que necesite conectar con su poder personal, dejar el miedo atrás y abrazar el cambio y la transformación en su vida.

Los planetas regentes de Escorpio son Marte y Plutón. En la mitología romana, Marte es el dios de la guerra, la virilidad masculina, la violencia, la valentía y la sexualidad. Escorpio comparte este planeta con Aries, ya que ambos signos tienen una notable energía, determinación y agresividad. Plutón, su otro regente, en la mitología romana es el dios del inframundo.

Palabras clave	Transformación, renacimiento, ave fénix, poder, intensidad, lo tabú, extremos
Arquetipos	La bruja, el chamán, el terapeuta, el detective, la muerte
Elemento	Agua
Planeta regente	Marte ♂ y Plutón ♀
Celebridades con el Sol, la Luna o el ascendente en Escorpio	Sol en Escorpio: Bill Gates, Hillary Clinton, Joe Biden, Diego Maradona Ascendente en Escorpio: Margaret Thatcher, Vladimir Putin, Nicole Kidman Luna en Escorpio: Will Smith, Mark Zuckerberg

 Sagitario

Sagitario es el noveno signo del zodiaco y está representado por el arquero, un centauro mitad caballo mitad humano, símbolo de aventura, movimiento y búsqueda constante de crecimiento. Es un signo de fuego y representa también la confianza en la vida, el optimismo y la alegría de vivir.

Así pues, la persona con el Sol, ascendente o luna en Sagitario se caracteriza por tener fe en la vida. Cree firmemente que el mundo es un lugar lleno de oportunidades y posibilidades y que todo lo que pueda salir bien saldrá bien. Es uno de los signos más ilusionados, atrevidos y animados del zodiaco. Tiene la capacidad de ver siempre lo positivo incluso en las situaciones más críticas o difíciles. Y no solo eso, sino que además convierte las experiencias negativas en un aprendizaje que usa para su propio crecimiento. Es evidente que no existe nadie mejor para subir el ánimo que Sagitario, aparte de que su personalidad divertida contagia alegría y entusiasmo.

Sin embargo, su absoluta confianza en la vida a veces le causa estragos. Sagitario es capaz de meterse en problemas porque su mente no está configurada para identificar el peligro o prevenir percances. En este sentido, podríamos decir que es antagónico a Escorpio. Se atrevería a viajar a un país considerado peligroso sin ningún tipo de plan, convencido de que es la aventura de su vida. Y aunque muchas veces la confianza ciega le funciona, en otras ocasiones le juega malas pasadas. Además, tiende al derroche y a la exageración. Todo lo que dice y hace es «a lo grande».

La otra cara de Sagitario es que le cuesta conectar con las emociones difíciles y el dolor. Ver el lado bueno de las cosas llega a convertirse en una trampa para no sentir, para no atravesar el duelo e ignorar las emociones dolorosas. Por ejemplo, sería capaz de asegurar, inmediatamente después de perder a su pareja, que en realidad todo va bien porque seguro que el destino le depara algo mejor. Nadie lo duda, pero a veces le resulta difícil aceptar la tristeza, el dolor y otras emociones menos afines a su naturaleza. Definitivamente, se encuentra más cómodo en situaciones de celebración.

Sagitario es un signo apasionado y aventurero que siempre está en movimiento. Por eso suele gustarle viajar y descubrir diferentes culturas, hacer deporte y realizar una variedad de actividades en su día a día. Se lo conoce como el eterno mochilero porque siempre que puede se escapa a descubrir mundo. Viajar lo hace feliz, pues es una forma de salir de la zona cómoda, de crecer, de ampliar sus horizontes y emparparse de nuevas experiencias. Por eso, Sagitario tiene una especial conexión con los viajes y el extranjero. También se lo conoce como el eterno estudiante, pues no se cansa de formarse, hacer cursos o aprender cosas nuevas. De hecho, se lo asocia a las universidades porque es el signo de la sabiduría: para él no hay nada mejor que nutrir la mente constantemente y profundizar en los temas que lo apasionan.

No es de extrañar, pues, que Sagitario sea el signo de los profesores. Las personas con el Sol, la Luna o el ascendente en este signo tienen una habilidad singular para enseñar. Son especialistas en divulgar y transmitir conocimientos sobre aquello que más les interesa, aunque lo suelen hacer de forma más abstracta que práctica. De hecho, muchos acaban siendo grandes expertos y maestros en algún ámbito de su profesión o de su vida. Sin embargo, deben aprender a ser más tolerantes con el punto de vista de los demás. Sagitario es un signo que busca la verdad absoluta en todas las cosas y suele tener opiniones claras. A menudo se olvida de que hay otras formas de ver una misma situación y puede caer en el fanatismo al pensar que su visión es la correcta. Por eso, Sagitario se relaciona también con las religiones, la filosofía y el pensamiento. Su aprendizaje es entender que no tiene la verdad absoluta y que cada realidad se puede abordar desde distintas perspectivas.

Algo crucial para Sagitario es el crecimiento constante en la vida. El estancamiento es terrible para él. Siempre busca situaciones que le hagan progresar, salir de la zona cómoda y evolucionar como persona. En este sentido, no es un signo que ame la monotonía y la estabilidad. Puede que quiera construir una estabilidad personal y familiar, pero siempre necesita una dosis de aventura, novedad y sobre todo libertad. Hablemos de la libertad, porque es sin duda una necesidad vital para este signo. Si siente que le cortan las alas en cualquier ámbito de su vida, tanto profesional como personal, intentará volar más rápido y más lejos.

Aunque Sagitario es símbolo de alegría y optimismo, cuando no está viviendo una vida plena puede caer en estados depresivos con más facilidad que otros signos. Es imprescindible que sea consciente de aquello para lo que está diseñado, sea fiel a su esencia y le encuentre sentido a lo que hace en su día a día. Sagitario está muy vinculado con el sentido de la vida, con hacer algo que tenga significado. Al fin y al cabo, es un signo de fuego, y cuando a su vida le falta chispa, puede sentir que su alegría se apaga rápidamente. Aunque un signo de tierra podría vivir un tiempo ejerciendo una profesión que no le gusta solo para ganar estabilidad, Sagitario se apagaría poco a poco. Es de suma importancia que priorice aquello que lo entusiasma y la da fuerza, tanto en lo personal como en lo laboral.

Sagitario simboliza las creencias y la filosofía de vida. Cada uno de nosotros, de forma más o menos consciente, tenemos ideas sobre el mundo y sobre cómo vivir nuestra existencia. Algunos damos prioridad a la familia, otros, al trabajo; unos queremos viajar con autocaravana y otros, comprometernos con el veganismo. Todo ello, en el fondo, son filosofías de vida. Sagitario suele tener una forma de ver la vida muy particular y disfruta actuando de un modo coherente con esas creencias, sean del tipo que sean. Esto es lo que da sentido a su vida y lo que debe mantener a toda costa.

En el amor, Sagitario también busca el crecimiento constante, la libertad y la pasión. Para este signo es muy necesario evolucionar dentro de la relación, y no desea un compañero para toda la vida a cualquier precio. Si la relación permite el crecimiento de ambas partes y no hay actitudes posesivas, celos ni otros comportamientos que lo limiten, entonces florecerá. Tener a un Sagitario al lado es garantía de diversión, risas y una buena dosis de optimismo.

En el ámbito laboral es fácil que tenga interés en la enseñanza o la divulgación, ya que Sagitario es el signo de los profesores. Puede trabajar en el campo del comercio internacional o cualquier sector que tenga que ver con el extranjero y los viajes, o que sea el mismo trabajo el que lo lleve a viajar por el mundo.

Cuando una persona con el Sol, la Luna o el ascendente en Sagitario no se siente identificada con estas características es probable que necesite conectar con el optimismo y aprender a confiar en la vida, viajar y salir de la zona de confort para no quedar estancada.

El planeta regente de Sagitario es Júpiter, que en la mitología romana es el rey de los dioses o dios supremo y está vinculado con la ley y la moralidad.

Palabras clave	Confianza en la vida, optimismo, alegría, crecimiento, expansión, sabiduría, filosofía de vida, verdad, libertad
Arquetipos	El viajero, el mochilero, el profesor, el sabio, el estudioso
Elemento	Fuego
Planeta regente	Júpiter ♃
Celebridades con el Sol, la Luna o el ascendente en Sagitario	Sol en Sagitario: Brad Pitt, Britney Spears Ascendente en Sagitario: Catherine Zeta-Jones, princesa Diana Luna en Sagitario: Albert Einstein, Jennifer Aniston

♑ Capricornio

Capricornio es el décimo signo del zodiaco y está representado por la cabra, un animal que tiene la capacidad de escalar montañas y acantilados con mucha fuerza y determinación. Es un signo de tierra y se caracteriza por la ambición, el trabajo duro, el esfuerzo, la responsabilidad y la autosuficiencia.

No hay nadie más trabajador y exigente que un Capricornio. Las personas con el Sol, el ascendente o la Luna en este signo suelen dar una gran importancia al terreno laboral, que normalmente ocupa la parte central de su vida. El éxito y la realización profesional son objetivos que tiene en el corazón todo Capricornio, el cual muy a menudo consigue posiciones de gran responsabilidad o acaba teniendo su propia empresa. Aunque en ocasiones se limita a hacer su trabajo respetando las normas y la autoridad, y sin que importe la relevancia del puesto que ocupa, siempre es conocido por ser responsable y digno de confianza y por dedicar un enorme esfuerzo a su trabajo. Su fuerza de voluntad y su eficiencia son incomparables, y no se detiene hasta obtener los resultados deseados, cosa que lo convierte en el trabajador ideal.

Ahora bien, todo tiene sus pros y sus contras. Capricornio es tan responsable y tan exigente que puede caer en el perfeccionismo, como Virgo. De hecho, el punto débil de Capricornio es que nunca tiene suficiente con nada y trata de mejorarse a sí mismo incansablemente. Cuando consigue un hito ya tiene la mirada puesta en la siguiente montaña que escalará. Es el signo de la ambición, y no suele contentarse ni conformarse con poco. Esto es bueno, pero llevado al extremo lo desconecta del presente. Cuando consigue algo muy soñado necesita empezar a luchar por otro objetivo para sentirse vivo.

En definitiva, para Capricornio siempre hay algo más a lo que aspirar, otro objetivo que conseguir, otra montaña para conquistar. Esa ambición y exigencia muy a menudo está también presente en su vida privada y sus relaciones, por eso en ocasiones Capricornio puede llegar a tener una actitud dura y autoritaria con sus seres queridos. En el fondo lo hace para ayudarles a mejorar, porque en su mente siempre vislumbra nuevas metas que alcanzar, sin darse cuenta de que algunas personas son más conformistas y relajadas que él. Capricornio es autoexigente, pero también espera mucho de sus seres queridos y de las personas con quienes trabaja. Cuando tiene una posición de autoridad o lidera equipos es exigente con sus trabajadores, si bien se muestra justo con ellos.

Además de por su ambición, Capricornio es conocido por su incansable fuerza de voluntad, disciplina y determinación. No hay signo que tenga su capacidad de cumplir con sus deberes y obligaciones, por muy arduas que sean. Si se lo propusiera, podría estudiar una carrera de física cuántica a pesar de que no le gustara esta materia en absoluto. Una vez Capricornio se compromete, cumple su palabra. Es una persona de fiar, y lleva a la práctica también las promesas que se hace a sí mismo.

Ahora bien, no es de los signos más joviales y alegres, a menos que otros aspectos de la carta natal maticen esta característica. Capricornio tiene un aire de seriedad y destila madurez. De hecho, muchas personas con el Sol, la Luna o el ascendente en este signo son maduras desde edades muy tempranas. En algunos casos, la vida les ha obligado a asumir responsabilidades o han tenido que crecer y desconectar de su niñez por circunstancias ajenas a ellos. Uno de sus aprendizajes es conectar más con el juego y el disfrute, sin abandonar su esencia, que es la responsabilidad.

Capricornio representa también el «deber». Es un signo muy relacionado con las obligaciones y con cumplir aquello que la sociedad espera de uno. El peligro que corre es hacer lo que debe en lugar de lo que desea. He conocido a muchas personas con energía de Capricornio que se limitan a tomar decisiones basándose en lo que se considera correcto, lo que se espera de ellos, ignorando completamente el deseo de su corazón y, por supuesto, sus impulsos. En este sentido, es un signo que se apoya en la razón y en el deber para decidir. Otro aprendizaje es el de conectar más con el corazón y aceptar su propia imperfección. Con la madurez, Capricornio suele atender más sus objetivos vitales que el deber social, y encuentra el equilibrio entre lo correcto y lo que su corazón anhela.

La rigidez de la mente y del cuerpo son otros aspectos que este signo tiene que trabajar. Capricornio está conectado con las normas y las estructuras, pero a veces debe aprender a relajarse y a ser más flexible con los demás y consigo mismo. Algunas personas tienden a acumular mucha tensión en el cuerpo, fruto del exceso de autoexigencia y el peso de la responsabilidad. Así pues, Capricornio simboliza las normas, y por eso este signo puede ser un fantástico líder, jefe, policía o empresario; en definitiva, desempeñar un papel que conlleve hacer cumplir ciertos estándares.

A pesar de que tiene un gran corazón, a veces parece que Capricornio haya salido de un campamento militar. Algo que no soporta, aunque lo niegue en público, es la debilidad. Es un signo fuerte y resiliente, y ver la debilidad o vulnerabilidad ajena le saca de sus casillas. Si bien puede llegar a entenderla desde el punto de vista racional y parecer comprensivo, por dentro rechaza todas las conductas victimistas y muestras de flaqueza en las personas. Admira la fortaleza, el autocontrol, la disciplina y el esfuerzo. Al fin y al cabo, así ha aprendido a sobrevivir y así espera que actúen otros. En el fondo, a Capricornio le cuesta aceptar y conectar con la propia vulnerabilidad y con sus sentimientos. A menudo reprime sus emociones y continúa con su vida como si nada. Aunque le ocurra algo terrible, se secará las lágrimas y continuará caminando sin dudarlo ni un segundo.

Porque si algo está claro, es que Capricornio es autosuficiente. Pedir ayuda no está entre sus planes, pues no necesita a nadie y se enorgullece de ello. Con el tiempo aprende que necesitar un apoyo no es de débiles y que, a pesar de poder con todo, a veces está bien dejarse sostener. Es uno de los signos más autosuficientes e independientes tanto en lo emocional como en lo económico, y aunque esto es una gran virtud, en exceso puede convertirse en una cárcel de soledad.

Al ser un signo de tierra, Capricornio busca la estabilidad y la seguridad, y el dinero ocupa un lugar importante en su escala de prioridades. Trata de conseguir una buena posición socioeconómica y, en muchos casos, estatus, reputación y éxito social. Como ejemplifica su símbolo, la cabra, siempre está pendiente de escalar y avanzar hacia otra etapa o logro en su vida. Aunque pueda parecer un poco frívolo, su intención es construir y dejar un legado que perdure más allá de su propia existencia, sea en forma de empresa o dinero, sea a modo de aprendizajes y experiencias que pueda compartir con los suyos.

Por supuesto, el autocontrol es otra de sus características clave. Ni las pasiones ni los impulsos le harán parpadear, puesto que es un signo extremadamente responsable y racional, y antes de actuar pensará muy bien qué acción o decisión es la mejor.

En el amor valora la estabilidad y poder construir un legado o un plan de vida con su pareja. Necesita relaciones que funcionen en la práctica, no amores platónicos. Cuando se compromete mantiene su palabra, aunque puede llegar a quedarse en una relación o situación solamente por deber, hasta que tarde o temprano conecte con su deseo más auténtico.

En el ámbito laboral queda claro que es uno de los signos más ambiciosos y que, por lo general, acaba escalando hacia posiciones de poder o construyendo su propio proyecto profesional. Su carácter fiable, disciplinado y serio lo hacen muy propenso al éxito.

Cuando una persona con el Sol, la Luna o el ascendente en Capricornio no se siente identificada con estas características es posible que deba aprender a ser autosuficiente y responsable y a construir un legado en el ámbito profesional.

El planeta regente de Capricornio es Saturno, que en la mitología romana es el dios de la cosecha y la agricultura, y que representa la responsabilidad, las normas, los límites y el esfuerzo, como veremos más adelante.

Palabras clave	Responsabilidad, exigencia, disciplina, autocontrol, deber, obligaciones, construcción de un legado, éxito profesional, autoridad, normas, estructuras
Arquetipos	El responsable, el policía, el empresario, el jefe
Elemento	Tierra
Planeta regente	Saturno ♄
Celebridades con el Sol, la Luna o el ascendente en Capricornio	Sol en Capricornio: Michelle Obama, Stephen Hawking Ascendente en Capricornio: Emmanuel Macron, Cristiano Ronaldo Luna en Capricornio: David Beckham

 **Acuario**

Acuario es el undécimo signo del zodiaco y está representado por el aguador o portador de agua, una figura que vierte agua como metáfora de la distribución de ideas y la limpieza del pasado para mirar hacia el futuro. Es un signo de aire y encarna el desapego, la lógica, la amistad, el rechazo a los convencionalismos y el *statu quo*, la búsqueda del cambio social y la creación de un mundo más justo.

La persona con el Sol, la Luna o el ascendente en Acuario suele ser lógica, intelectual y racional, y le encanta intercambiar ideas y puntos de vista con otros. Estas son características que comparte con sus congéneres de aire, Géminis y Libra, de quienes se distingue por tener ideas poco convencionales que desafían los mandatos y creencias socialmente establecidos. Así pues, Acuario es diferente, es original, y a menudo eso se traslada a su estilo de vida y sus decisiones, cosa que lo convierte en el bicho raro de su familia o de su entorno. Además, se enorgullece de ello (o debe aprender a hacerlo) y, de hecho, tiene una especial habilidad para ir a contracorriente. Sea lo que sea lo que hace la mayoría, lo cuestionará para ir en la dirección opuesta.

Una de sus virtudes, por tanto, es su talante visionario, original y capaz de desafiar las creencias y el funcionamiento de la sociedad. ¿Casarse y tener hijos como dicta la sociedad? ¿Aceptar un trabajo para toda la vida? Acuario se esforzará en hacer justo lo contrario. Cualesquiera que sean los mandatos sociales de su entorno, el propósito de Acuario será romper con algunas de estas estructuras para tomar un camino alternativo y demostrar a los demás que ello es posible. Y si hace falta pintarse el pelo de azul para resaltar su singularidad, lo hará. En ocasiones, su obsesión por ser diferente lo puede llevar a la excentricidad.

Aunque esta característica no siempre se aprecia a primera vista, no queda duda de que los apellidos de Acuario son «diferente» y «disruptor». Tomemos como ejemplo a la princesa Diana de Gales, que tenía la Luna en Acuario. Diana rompía el protocolo constantemente, más aún cuando lo consideraba injusto, y en una de esas ocasiones decidió que podía participar en una carrera con falda, cuando el protocolo exigía pantalón. Por aquellas fechas, en 1991, era muy poco común ver a una mujer correr con falda, menos aún un miembro de la realeza británica. Los acuario son personas cuya misión es señalar las injusticias y rebelarse contra ellas, pero también ser innovadores en su entorno.

Acuario se encuentra ahí donde haya un movimiento social para hacer del mundo un lugar mejor. Cree en una utopía donde todo funcionaría de forma más justa y eficaz, y desea que evolucione la conciencia de la humanidad. Sin embargo, y aunque le cueste admitirlo, no suele ser demasiado tolerante. Piensa que sus ideas revolucionarias son la única alternativa, que su visión es la más acertada para mejorar el mundo, y a veces olvida que existen otros puntos de vista válidos. Su temperamento lógico, racional y algo frío le dan un aire sumamente intelectual, y es difícil desafiar sus argumentos porque parece tener la respuesta a todo.

Acostumbra a relacionarse con personas que comparten

sus creencias, estilo de vida e intereses. Acuario es el signo que más importancia le da a la amistad. Los grupos de amigos a menudo se convierten en una segunda familia, y pasan a tener igual o más importancia que esta. Se rodea de personas con las que comparte ideología o intereses, sea la lucha contra el cambio climático, el feminismo o una corriente de pensamiento del todo distinta (que, para su entorno, sea revolucionaria).

Una palabra clave para entender la energía de Acuario es «desapego». De todos los signos, Acuario es uno de los que más valoran la libertad y los espacios propios. Aunque te ame más que nada en el mundo, puede no necesitar saber de ti durante días o semanas, o tardar horas en contestar tu mensaje. Es un signo desapegado e independiente por naturaleza, y la empatía no es uno de sus puntos fuertes. Eso le ocasiona problemas y malentendidos en sus relaciones, ya que los demás pueden malinterpretar sus acciones y pensar que Acuario no los ama. En realidad, Acuario está perdido en su mundo de pensamientos o teniendo una interesante e intelectual conversación con un grupo de amigos. No entiende cuál es el problema de contestar seis horas más tarde, y por supuesto huye del drama.

Así pues, Acuario se mantiene lejos del sentimentalismo y las pasiones. Tiene una mente racional, calmada, y suele valorar las situaciones de forma bastante objetiva sin involucrarse emocionalmente. Aún recuerdo un hombre con el Sol en Acuario que me explicaba que su pareja estaba debatiéndose entre apostar por su relación o dejarla. Él mismo me explicaba la situación con sus pros y sus contras, y aunque no dudo de que también sentía emociones, lo hacía como si hablara de las últimas noticias del periódico. En la consulta he visto a muchas personas con energía de Acuario con una gran facilidad para desconectarse de sus emociones, algo que, llevado al extremo, puede acarrearles problemas y alejarlos de su corazón.

Otro concepto clave para Acuario es el cambio. Estamos ante el signo más vinculado con el cambio y la innovación, pues necesita renovarse sin parar y liberarse de viejas ataduras para sentirse pleno. Está claro que promueve el cambio social, pero más allá de eso busca siempre la transformación personal. De vez en cuando precisa cortar con todo y volver a empezar, y en ocasiones lo hace sin previo aviso.

En el amor, como es de esperar, Acuario se muestra desapegado y poco convencional. Por supuesto, le influyen otras configuraciones de la carta natal, pero suelen atraerle modelos de relación alternativos o que le dejen mucho espacio privado. Aunque puede comprometerse, siempre está dispuesto a liberarse cuando una relación lo ahoga o necesita un cambio en su vida. Su estilo afectivo es calmado y más bien racional, y en sus relaciones de pareja valora más que nada la amistad y el compañerismo.

Acuario, siendo símbolo de innovación y de todo aquello que es diferente, está relacionado con la astrología, y muchas personas de este signo sienten curiosidad por ella. Es asimismo el signo de los genios, los inventores y todas aquellas personas cuya mirada hacia el futuro es capaz de ayudar a la humanidad de hoy. El signo de Acuario también está vinculado con la tecnología y los avances científicos, ámbitos que pueden ser de su interés.

Como profesional, Acuario desea trabajar de forma independiente en sus propios proyectos o disfrutar de un grado de autonomía importante de sus superiores. Si hay algo que le disgusta particularmente, es sentir que no tiene la libertad de hacer las cosas a su manera. Suele aportar ideas originales e innovadoras y acostumbra a gustarle trabajar en equipo.

Una persona con el Sol, la Luna o el ascendente en Acuario que no se sienta identificada con estas características es posible que deba aprender a ser diferente, a romper con las estructuras sociales y familiares en las que ha nacido y a abrazar sus rarezas y excentricidades, además de atreverse a cambiar y romper con aquello que la limita.

Los planetas regentes de Acuario son Urano y Saturno. Este último, que comparte con Capricornio, es el dios de la cosecha y la agricultura, y representa la responsabilidad y las normas en la mitología romana. Urano, que en la mitología romana se asocia al dios Caelus, es considerado el dios de los cielos, y como veremos más adelante representa el cambio radical.

Urano y Saturno son dos planetas completamente antagónicos. Esto no es casualidad, ya que Acuario simboliza el carácter revolucionario y poco convencional de Urano junto con el compromiso y la inflexibilidad de Saturno. Así pues, Acuario está muy comprometido con el cambio, pero a veces puede ser algo rígido y creer que sus ideas son las únicas válidas.

Palabras clave	Desapego, originalidad, diferencia, revolución, libertad, cambio, innovación, amistad
Arquetipos	El activista, el genio, el revolucionario, el rebelde, el justiciero
Elemento	Aire
Planeta regente	Urano ♅ y Saturno ♄
Celebridades con el Sol, la Luna o el ascendente en Acuario	Sol en Acuario: Mozart, Bob Marley Ascendente en Acuario: Barack Obama, Messi Luna en Acuario: Diana de Gales, John Lennon

♓ Piscis

Piscis es el último signo del zodiaco, y está representado por dos peces nadando. Es un signo de agua y se vincula con la espiritualidad, la compasión, la sensibilidad, la empatía y la ayuda al prójimo.

Sin duda alguna, estamos ante uno de los signos más altruistas y bondadosos. Su fama de ayudador es bien merecida, porque la persona con el Sol, la Luna o el ascendente en Piscis siempre tiende la mano a cualquiera que lo necesite. Una de sus características más destacadas es su disposición a salvar a los demás y su gran sensibilidad por los colectivos vulnerables. Los animales, los ancianos, los niños o cualquier persona que esté en situación de necesidad le despiertan un sentimiento de cariño, y él se vuelca en socorrerlos. Al fin y al cabo, Piscis es un signo de agua y, como sus congéneres Cáncer y Escorpio, se caracteriza por la empatía y la conexión con las emociones. Sin embargo, de todos los signos de agua, él es el que más tiende a asistir a los demás, hasta tal punto que le cuesta poner límites para conservar su propia salud física y mental.

Está claro que no todas las personas con energía de Piscis ayudan hasta desgastarse, pero para algunos esta es una tendencia que van corrigiendo a lo largo de la vida. Les resulta complicado entender que no pueden salvar a todo el mundo, menos aún esperar que los otros correspondan a su entrega y solidaridad. Paradójicamente, a veces a Piscis se le acercan personas con comportamientos narcisistas y egoístas, no en vano los polos opuestos se atraen. Así pues, el aprendizaje de Piscis es ayudar sin olvidarse de sus propias necesidades y marcando límites cuando sea necesario.

Como es lógico, no se puede dar apoyo a otros cuando uno está vacío y no tiene energía. Para aportar algo a otras personas, el vaso propio debe estar lleno. Con el tiempo, Piscis aprende a ayudar sin descargarse completamente. También entiende que las personas lo amarán por ser como es, no porque les ayuda. A veces, detrás del afán de salvar a otros de sus desgracias se esconde la creencia de que no es lo bastante bueno para que lo amen sin condiciones. «¿Para qué me querrán, si no les ayudo?», se pregunta.

Más allá de su don de salvador y ayudador, Piscis es el signo de la espiritualidad. La mayoría de las personas con energía pisciana tienen interés por el mundo esotérico y creen que existe algo detrás de lo que podemos apreciar a simple vista. Su gran sensibilidad va de la mano de su aguda percepción de cuanto lo rodea y de sus energías. A veces, sin darse cuenta, se contagia de la alegría, la tristeza y las emociones de otras personas, porque es como una esponja que absorbe sin cesar las energías que se emiten a su alrededor. De ahí que sea especialmente importante para Piscis seleccionar entornos propicios con personas positivas, alegres y que no drenen su energía. Aunque es algo que nos puede pasar a todos, su gran sensibilidad y capacidad de percepción consumen su reserva de energía vital en estas situaciones.

Debido a su sensibilidad y «permeabilidad energética», ya que nunca dejan de afectarle las energías de su entorno, suele necesitar pasar tiempo a solas para reconectar con su esencia y deshacerse de todas las emociones que ha ido acumulando a lo largo del día. La clara percepción y la necesidad de recargarse a solas son características típicas de las personas altamente sensibles (PAS), muchas de las cuales tienen el Sol, la Luna o el ascendente en signos de agua (Cáncer, Escorpio y Piscis) o una configuración planetaria similar.

Como muestra el símbolo de los dos peces, Piscis es un signo adaptable que siempre nada en función de las circunstancias externas. El lado no tan bueno del pez es que tiende a escapar de los problemas, así como de las ataduras. Cuando se encuentra con alguna circunstancia adversa o debe afrontar dificultades, Piscis tiene una fastidiosa propensión a escaparse o evadirse. La acción y la resolución no son lo suyo, a menos que haya otros elementos en la carta natal que anulen esta característica. A menudo pospone el momento de lidiar con un asunto o un conflicto hasta que la situación es insostenible.

Piscis no solo se escapa de los problemas, sino que a veces también puede evadirse de la realidad. Al fin y al cabo, es el signo de la fantasía y los sueños, y aunque puede ser tremendamente creativo y tener dones artísticos, en ocasiones vive en un mundo paralelo que nada tiene que ver con la vida real. Puedes estar hablándole de los últimos acontecimientos políticos mientras Piscis imagina cómo sería la vida en otra galaxia. Lo que está claro es que imaginación no le falta. El problema es que además de utilizar la fantasía para evadirse, a veces recurre a sustancias o comportamientos adictivos, como el alcohol, las drogas, el uso del móvil y todo lo que permita a su mente desconectar un rato de la realidad.

En el mundo astrológico se dice que el mayor dolor de Piscis es estar encarnado en un cuerpo humano, ya que es un signo sumamente espiritual y el mundo real y los asuntos terrenales pueden abrumarlo de tal manera que necesita escapar a su universo. Es uno de los signos menos centrados en lo material, y su objetivo no es conseguir el éxito social o triunfar en el ámbito empresarial, con algunas excepciones. Lo encontrarás escribiendo poesía, viendo un espectáculo, ayudando a los demás, y pocas veces abrigando ambiciones materiales. Le cuesta hacer realidad sus ideas y bajarlas a la tierra, ya que el universo de creatividad que tiene en su mente en ocasiones carece de bases prácticas. No es de los signos más pragmáticos.

Algo muy común en este signo es que, debido a su capacidad de imaginación y fantasía, tiende a idealizar situaciones y personas. En su mente crea una imagen de lo maravillosas que son las cosas y después se desilusiona. Piscis vive entre la ilusión y la desilusión, entre la esperanza y la decepción.

En el amor, aunque es un signo que suele ser muy romántico e idealiza a sus parejas, puede tener la tendencia a huir de los compromisos o ataduras. El pez quiere fluir y le cuesta asentarse. Si no huye del compromiso, es habitual que busque al príncipe o la princesa azul y fantasee con una relación que difícilmente encontrará en la vida real. Además, suele ser muy enamoradizo, pero lo suyo es el amor platónico, porque cuando entra en la rutina de una relación y es capaz de ver a la persona que realmente tiene a su lado, a menudo se desilusiona. El romanticismo y la idealización acaban chocando con la cruda realidad de las relaciones.

Por otro lado, Piscis es el signo del amor incondicional. Tiene la facilidad de amar a su pareja y a sus seres queridos tal y como son, a pesar de la frustración por sus fantasías fallidas. Sin embargo, acostumbra a adoptar el rol de ayudador o terapeuta en sus relaciones más cercanas, porque siente que de esta forma aporta valor a la relación. No obstante, asumir en exceso este papel le impide mantener relaciones sanas y equilibradas, hasta que se da cuenta de ello y deja que su pareja y sus seres queridos se ocupen de sus propios problemas y también le ayuden a él.

Otra palabra clave para este signo es «compasión». Piscis perdona las veces que haga falta, demasiadas quizá. Y no solo perdona, sino que está dispuesto a olvidar y empezar de nuevo. Es uno de los signos más bondadosos, pero con el tiempo aprende que no todo vale. Para él no existe el rencor.

Aunque Piscis es la bondad personificada, también puede tener comportamientos como el victimismo o la manipulación. A veces se desconecta de su propio poder y culpa al mundo de su dolor, posicionándose como víctima en lugar de asumir la responsabilidad de lo sucedido. Por ejemplo, cuando se siente maltratado por otra persona, muestra una actitud de víctima en lugar de entender que debería haber marcado límites para evitarlo.

En el ámbito profesional, le atrae el sector terapéutico o cualquier trabajo que consista en ayudar a otras personas, especialmente a colectivos vulnerables. También le interesan el arte, la música y las demás disciplinas artísticas. Igual que en su vida privada, deberá aprender a establecer límites y a descansar para no desgastarse ayudando a los demás.

En definitiva, estamos ante un signo imaginativo, intuitivo, soñador, creativo, vulnerable, sumamente sensible, empático, compasivo y muy vinculado con la espiritualidad. Su gran reto es seguir prestando apoyo a los demás mientras pone límites y prioriza su propia salud y bienestar.

Cuando una persona con el Sol, la Luna o el ascendente en Piscis no se siente identificada con estas características es posible que deba conectar con su lado más espiritual y aprender a perdonar, a ser más compasivo y a ayudar a los demás en algún ámbito de su vida.

El planeta regente de Piscis es Neptuno, que en la mitología romana es el dios de los mares y de las aguas.

Palabras clave	Sensibilidad, empatía, espiritualidad, ayuda al prójimo, ayuda a colectivos vulnerables, sueños, fantasía
Arquetipos	El soñador, el místico, el poeta, el bohemio, el ayudador, el salvador
Elemento	Agua
Planeta regente	Neptuno ♆

Celebridades con el Sol, la Luna o el ascendente en Piscis	Sol en Piscis: Gabriel García Márquez, Albert Einstein
	Ascendente en Piscis: Morgan Freeman, Whitney Houston
	Luna en Piscis: Michael Jackson, Elvis Presley

LOS DOCE SIGNOS COMO ARQUETIPOS

La descripción de los doce signos del zodiaco nos ha permitido entender cómo es la energía arquetípica de cada uno de ellos. Ahora bien, está claro que nadie es la representación exacta de un signo porque las cartas natales tienen diferentes elementos, y normalmente encontramos hasta tres y cuatro arquetipos presentes en cada persona. Por el momento hemos prestado atención al Sol, el ascendente y la Luna, que sin duda son elementos clave para comprender la psicología de las personas, pero más adelante veremos la importancia que tienen otros signos o arquetipos en su carta natal y cómo configuran su personalidad.

Además, es preciso comprender que nada puede interpretarse de forma aislada. Por ejemplo, saber que una persona tiene el Sol en Aries no garantiza que encarne la energía típica de este signo, por ejemplo, mostrando un carácter impulsivo y guerrero. En muchas ocasiones, la persona se sentirá identificada con estas características, pero otras veces algunas cualidades quedarán anuladas o complementadas por las distintas configuraciones. Es importante contextualizar. Imaginemos que una persona tiene la Luna en Piscis y el ascendente en Libra, dos arquetipos muy distintos a la energía de Aries. En este caso será lógico que no destaquen en ella todas las cualidades arianas, y que su esencia sea una mezcla única de las tres energías y otros elementos de la carta natal.

A veces, cuando una energía importante en la carta natal (Sol, Luna, ascendente y otras que explicaremos en breve) no se manifiesta en absoluto, es porque se trata de un aprendizaje, un propósito, algo que se debe abrazar. Puede ser que ese arquetipo quede en la sombra y nos alejemos de nuestra esencia. Por ejemplo, ese sería el caso de una persona con energía de Escorpio que rechace la profundidad emocional, los cambios y la transformación en su vida, o el de una persona con energía de Géminis que no esté conectada con sus dones de comunicación. Lo que está claro es que nada se debe a la casualidad, y los astros nos muestran nuestra esencia de forma pura y más allá de lo que uno mismo cree o supone de sí mismo.

CLASIFICACIONES DE LOS SIGNOS

Ahora que ya conocemos la energía primaria de cada signo y nos hemos familiarizado con los doce arquetipos astrológicos, es el momento de ahondar en las múltiples clasificaciones que existen.

La primera, que ya hemos estudiado, se basa en los cuatro elementos: fuego, aire, agua y tierra. Cada elemento lo comparten tres signos que tienen la misma energía básica.

Otra forma de entender los signos es ver su relación con el signo opuesto. Así pues, en astrología existen seis ejes, con dos signos cada uno, que representan las dos caras de una misma moneda. Es importante destacar que el hecho de que sean signos opuestos no significa que sean incompatibles; así, muchas parejas, socios o amigos tienen cada uno el Sol, la Luna o el ascendente en signos opuestos porque se complementan muy bien.

♈ Aries-Libra ♎

Aries y Libra son signos opuestos y conforman el eje de las relaciones. Mientras Aries representa el «yo», Libra representa el «nosotros». Aries hace hincapié en los intereses personales, en cambio, Libra simboliza los intereses compartidos.

A pesar de que puedan parecer signos muy distintos, las relaciones son un aprendizaje clave para los dos. La diferencia es que Aries tiende a conservar su propia individualidad y Libra cede y se adapta a los demás. Ambos tienen que aprender del otro y encontrar el sano equilibrio entre la individualidad y la propensión a ceder.

♉ Tauro-Escorpio ♏

Tauro y Escorpio son signos opuestos y conforman el eje de las finanzas. Tauro habla del dinero y las posesiones, pero Escorpio se centra en las finanzas compartidas con otras personas (préstamos, créditos, deudas, inversiones, etcétera). Este eje, además de ser el financiero, nos habla de la estabilidad en el mundo material de Tauro versus la transformación constante de Escorpio, y también de la belleza y el disfrute que representa Tauro en contraposición a aquello no tan bonito o tabú de la energía escorpiana.

♊ Géminis-Sagitario ♐

Géminis y Sagitario son signos opuestos y conforman el eje del conocimiento. Géminis representa los conocimientos prácticos, mientras que Sagitario simboliza la sabiduría y los conceptos abstractos y más teóricos.

Ambos son signos muy interesados en el aprendizaje y el intercambio y divulgación de ideas, aunque lo hacen desde perspectivas muy distintas. Así, la energía de Sagitario se asemeja a un profesor dando una clase que profundiza en un tema, y Géminis prefiere el intercambio de información más práctico, por ejemplo a través de las redes sociales, o más superficial.

♋ Cáncer-Capricornio ♑

Cáncer y Capricornio son signos opuestos y conforman el eje de la familia y la profesión. Cáncer representa el hogar, la familia y la búsqueda de estabilidad emocional y familiar; Capricornio, en cambio, persigue el éxito profesional y dejar un legado más allá de su vida íntima. Así pues, representan el dilema entre vida privada y vida pública, y entre vida familiar y vida profesional.

Mientras que Cáncer hace referencia a la vida en la intimidad, Capricornio es el signo vinculado con el éxito público y cómo nos ve la sociedad. Ambas son facetas que todos tenemos en nuestra vida.

♌ Leo-Acuario ♒

Leo y Acuario son signos opuestos y conforman el eje del brillo individual versus el brillo colectivo, o el yo (Leo) versus el grupo (Acuario). En otras palabras, es el eje que contrapone los valores personales y los valores colectivos.

La energía leonina busca destacar y ser aplaudida, al contrario que la de Acuario, que busca que lo aprecien por ser disidente y diferente. Ambos signos están vinculados con el brillo, pero Leo brilla a nivel individual mientras que Acuario desea formar parte de un grupo o colectivo con ideas similares.

♍ Virgo-Piscis ♓

Virgo y Piscis son signos opuestos y conforman el eje del servicio. Ambos signos están vinculados, en el fondo, al servicio a los demás, pero Piscis lo hace desde una vertiente más espiritual y Virgo es un signo centrado en lo terrenal y lo práctico.

La energía virginiana se encuentra, por ejemplo, en un profesor de yoga o un nutricionista, en un contable o un masajista (entre muchísimas otras opciones). Virgo es el signo del servicio desde lo terrenal, ya que todas esas alternativas conectan o bien con el cuerpo o bien con asuntos de organización y planificación.

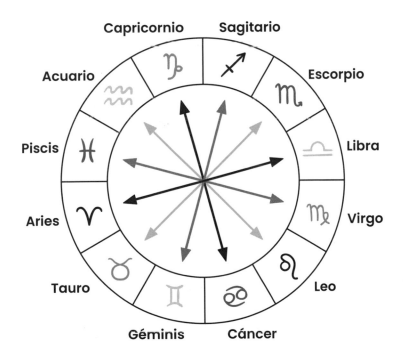

Piscis, en cambio, representa el servicio desde un ámbito más espiritual, y su energía se manifiesta en terapeutas, pintores, artistas y un sinfín de profesiones dedicadas a ayudar al prójimo.

Mientras Virgo necesita sentirse útil, Piscis ayuda con amor incondicional.

Además, representan la disyuntiva entre el control (Virgo) y el fluir (Piscis), o entre el cuerpo (Virgo) y la parte más espiritual de la persona, o el alma (Piscis).

En definitiva, ambos están relacionados con el servicio desde dos puntos de vista muy distintos.

Otra clasificación de los signos es según su modalidad. Hay tres modalidades: cardinal, fija y mutable, con cuatro signos cada una. La modalidad muestra la motivación básica de los signos y su manera de enfrentarse al mundo.

SIGNOS CARDINALES
Aries, Cáncer, Libra, Capricornio

Los signos cardinales son los que inauguran las cuatro estaciones, ya que la entrada del Sol en uno de ellos coincide con el inicio del verano, el otoño, la primavera o el invierno. Por esta razón, los signos cardinales se asocian a la iniciativa y a la acción, cada uno de ellos con sus matices.

SIGNOS FIJOS
Tauro, Leo, Escorpio, Acuario

Los signos fijos nos hablan de estabilidad y permanencia, de constancia y resistencia. Aunque Escorpio y Acuario sean bastante proclives al cambio, son signos fijos porque suelen mantener sus ideas y no se identifican con la flexibilidad.

SIGNOS MUTABLES
Géminis, Virgo, Sagitario, Piscis

Los signos mutables se caracterizan por la flexibilidad, la fluctuación, la adaptabilidad y la apertura al cambio.

CUADRO RESUMEN DE LOS 12 SIGNOS DEL ZODIACO Y SUS CLASIFICACIONES

SIGNO	ELEMENTO	MODALIDAD	PALABRAS CLAVE
Aries ♈	Fuego	Cardinal	Acción, inicios, autoafirmación
Tauro ♉	Tierra	Fija	Placer, disfrute, estabilidad
Géminis ♊	Aire	Mutable	Comunicación, conocimientos

Cáncer ♋	Agua	Cardinal	Hogar, familia
Leo ♌	Fuego	Fija	Brillo personal, reconocimiento
Virgo ♍	Tierra	Mutable	Trabajo, servicio, salud
Libra ♎	Aire	Cardinal	Relaciones, belleza
Escorpio ♏	Agua	Fija	Transformación, ave fénix, profundidad
Sagitario ♐	Fuego	Mutable	Sabiduría, crecimiento y expansión
Capricornio ♑	Tierra	Cardinal	Éxito profesional, productividad
Acuario ♒	Aire	Fija	Desapego, originalidad, revolución
Piscis ♓	Agua	Mutable	Espiritualidad, compasión, ayuda al prójimo

3.

Sol, ascendente y Luna

Llegados a este punto ya te habrás familiarizado con los doce signos del zodiaco, sobre todo aquellos que corresponden a tu Sol, tu Luna y tu ascendente. Veamos, pues, cuál es la diferencia entre estos tres elementos.

EL SOL

El Sol es el que señala el signo del zodiaco que reconocemos como el nuestro y que corresponde al mes en que nacimos. Por ejemplo, una persona nacida entre el 21 de marzo y el 20 de abril tendrá, por lo general, el Sol en Aries. Es importante recalcar que los periodos no son fijos y cada año sufren ligeras variaciones, como la siguiente: en 2011 el Sol entró en Tauro el 20 de abril, mientras que en 2012 lo hizo el día 19 de abril. Por esta razón, para saber exactamente cuál es nuestro signo solar debemos descargar nuestra carta natal con la hora y la fecha de nacimiento, sobre todo cuando nuestro cumpleaños cae entre los días 19 y 22 del mes, días en que normalmente cambia el signo.

Así pues, cuando alguien comenta que es Aries o que es Escorpio, pongamos por caso, solo está haciendo referencia a que cuando nació el Sol estaba transitando ese signo del zodiaco. El Sol es uno de los elementos principales de la carta natal, por supuesto, pero, como iremos descubriendo a lo largo de este libro, para entender la personalidad y la esencia de una persona es preciso tener en cuenta otras configuraciones (la Luna, el ascendente, la configuración de los planetas y las casas, etcétera).

Pero ¿qué significa el Sol? ¿Cómo lo diferenciamos de otros elementos de la carta natal?

El Sol es el astro rey y constituye una parte central de la carta natal. Simboliza nuestros dones, nuestra esencia y nuestro propósito de vida. También nuestro yo verdadero y determinadas características que normalmente tenemos muy integradas. La mayoría de las personas sienten afinidad con su signo solar, pero hay casos en los que no reflejan sus características, pues estas son un aprendizaje de vida o cualidades que están en la sombra y no se han aceptado. Por ejemplo, si María tiene el Sol en Escorpio, es probable que sea una persona con mucha profundidad emocional y quizá miedos, pero con una gran resiliencia y un fuerte poder personal, que fácilmente se sentirá identificada con las características del signo descritas en este libro. En caso contrario deberá aprender a integrar las características escorpianas en su vida, por ejemplo, deberá abrirse a la transformación, o puede ser que en realidad tenga esa naturaleza y la haya reprimido obedeciendo mandatos familiares y sociales.

Así pues, el Sol indica la manera en que una persona se

comporta de forma general y natural, y nos permite hacer una descripción básica de su carácter.

EL ASCENDENTE

El ascendente es el signo del zodiaco que asciende en el horizonte en el momento del nacimiento. Aporta unos rasgos cruciales que matizan las características del signo solar, y varía mucho dependiendo de la hora del nacimiento. A veces, una diferencia de treinta minutos basta para que en la carta natal aparezca un ascendente distinto, lo cual cambia por completo la configuración de la carta y, por tanto, la naturaleza de la persona.

El ascendente depende mucho del lugar y la hora en que la persona nace. Dos bebés nacidos el 10 de noviembre de 2022 tendrán el Sol en Escorpio, pero si han nacido en distintos lugares del mundo y en distintas horas, el ascendente de cada uno variará. El signo que ascienda por el horizonte en el minuto exacto de su nacimiento determinará parte de la esencia y el propósito de cada uno, e influirá notablemente en su personalidad.

La diferencia principal entre el Sol y el ascendente es que el ascendente suele representar la máscara o faceta que mostramos al mundo. No es en absoluto una máscara vacía o falsa, porque el ascendente define la identidad y la personalidad, pero suele estar relacionado con cómo nos ven los demás. Así pues, una persona con el Sol en Aries pero el ascendente en Libra mostrará una faceta más conciliadora y agradable de lo que realmente es. Aunque la naturaleza guerrera de Aries estará muy presente en su vida, normalmente proyectará una imagen más diplomática y agradable gracias a la influencia libriana.

A pesar de referirse más a la imagen externa, el ascendente también tiene que ver con los dones, el propósito y la personalidad. En algunas personas, el ascendente se hace más fuerte a lo largo de los años, mientras que en otras la energía del ascendente ya está integrada desde la juventud. No hay reglas exactas y cada caso es diferente. Imaginemos que esa misma persona con el Sol en Aries tiene el ascendente en Géminis, signo de la comunicación. Es posible que ya sea una persona parlanchina, a quien le gusta intercambiar ideas con los demás, escribir, etcétera, pero también es probable que la energía de Géminis le otorgue un don que irá desarrollando a lo largo de la vida.

Asimismo, su influencia varía en función de las etapas en la vida. En algunas épocas sentimos que nuestro Sol predomina, mientras que en otras encarnamos más la energía del ascendente.

El ascendente determina la distribución de las casas en la carta natal, ya que se sitúa en primer lugar, es decir, en la parte izquierda de la carta natal, señalado por una flecha. Le siguen los otros signos del zodiaco en orden: en el caso de la imagen vemos que detrás del ascendente en Libra vienen Escorpio, Sagitario y los demás signos ordenados en sentido antihorario, hasta completar toda la carta natal con doce signos. Más adelante veremos cuál es el rol de las casas, las parcelas que dividen la parte interior de la carta en doce porciones.

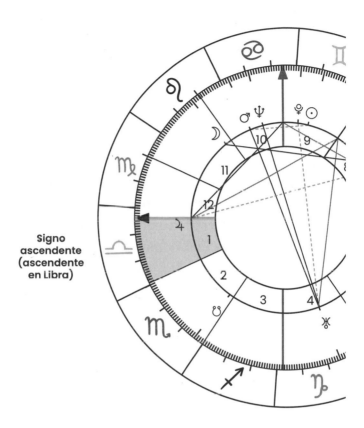

**Signo
ascendente
(ascendente
en Libra)**

LA LUNA

Además del signo solar y el ascendente, hay un tercer elemento que marca profundamente nuestra esencia: la Luna o signo
lunar. A diferencia del Sol, que está en cada signo durante un
mes, más o menos, con lo cual es bastante fácil averiguar el
signo solar sabiendo el día de nacimiento de una persona, la
Luna pasa de un signo del zodiaco a otro cada dos días o dos
días y medio. Por esa razón resulta esencial comprobar cuál

es nuestro signo lunar descargando la carta natal. La Luna estará posicionada en uno de los doce signos, indicando un tercer elemento poderosísimo en la configuración de la naturaleza de la persona.

La Luna simboliza las emociones y lo que nos hace conectar con ellas. Nos habla de nuestras necesidades emocionales, de aquello que nos hace sentir cómodos y de cómo expresamos lo que sentimos. Por consiguiente, es un elemento crucial que debemos tener en cuenta en las relaciones íntimas, porque indica aquello con lo que estamos a gusto y cuáles son nuestras necesidades emocionales. Dicho de otra forma, la Luna muestra lo que nos da seguridad y tranquilidad y habla de nuestro sentido de pertenencia.

Por otro lado, la Luna está conectada con la maternidad o paternidad propia, con los cuidados y con cómo vivimos nuestra infancia y la relación con nuestra madre o cuidadores principales. Es importante tener en cuenta que no describe a la madre o los cuidadores, sino la percepción que tenemos de ellos. Los diferentes hijos de una misma madre tienen a menudo posiciones lunares distintas.

Por tanto, el signo lunar configura parte de nuestra personalidad, pero sobre todo influye en el modo en que conectamos con nuestro mundo emocional. A continuación veremos la información que aporta cada posición lunar, y que complementa la descripción del signo en que se encuentra la Luna.

☽ La Luna en Aries ♈

La persona con la Luna en Aries suele expresar sus emociones de forma explosiva y errática, sin ningún tipo de filtro. Experimenta ira y rabia a menudo. Tiene reacciones bastante impulsivas y es impaciente. Es evidente que el control emocional no es lo suyo, y expresa con mucha transparencia lo que siente. Además de las emociones, le cuesta controlar los pensamientos, que comparte de forma irreflexiva con los demás, a los que a veces hiere, pero sin mala intención. Es una Luna muy vinculada al liderazgo y proyecta una gran autoconfianza. Encuentra paz en la acción, el deporte, el riesgo y en hacer cosas que la motiven.

En el terreno afectivo necesita a una persona a su lado que sea activa, dinámica, capaz de seguirle el ritmo y que pueda sobrellevar sus ataques de ira. En las relaciones le gusta tener libertad y mucha autonomía. De lo contrario, puede estar a la defensiva y siempre dispuesta a pelear. De hecho, las riñas y discusiones aparecen con frecuencia en sus relaciones afectivas, y no se da cuenta de que las busca inconscientemente. Por desgracia, a menudo asocia el amor a la disputa, aunque con la madurez puede calmar sus ganas de guerra. La sexualidad es una parte muy importante en sus relaciones afectivas y su principal forma de conexión emocional con el otro. La Luna en Aries a veces indica una relación con la madre o el cuidador principal un tanto conflictiva, o que en la infancia se experimentó ira o conflicto con familiares cercanos. Asimismo, puede indicar que la madre o el cuidador principal fue dominante y restringía su libertad, cosa que causaba problemas. En el mejor de los casos también puede significar que percibía a la madre (o el cuidador) como una persona valiente, decidida y emprendedora.

☽ La Luna en Tauro ♉

La persona con la Luna en Tauro tiene como necesidad emocional el confort y la seguridad material. El dinero, los ahorros y la tranquilidad económica son aspectos fundamentales en su vida, tanto como el disfrute y el placer. La naturaleza puede ayudarle a conectar con sus emociones y encontrar calma y estabilidad emocional. Es una posición lunar de mucho apego a cosas y personas, apego que puede llegar a ser posesivo. Le va bien la permanencia, el cambio la desestabiliza, pero el apego excesivo a que las cosas se queden como están puede llevarla a la monotonía.

En el amor es bastante sensual y le gusta cultivar el erotismo. Necesita que la pareja le demuestre su afecto a través de regalos físicos o experiencias sensoriales como un masaje, una cena o pasar un tiempo relajado juntos. Busca una relación en la que prime la permanencia, la continuidad y la estabilidad económica; la incertidumbre de cualquier tipo le provoca mucho malestar. Puede ser posesivo con la pareja y debe aprender a abrazar el cambio dentro de la relación y a dar más libertad al otro. La Luna en Tauro puede indicar una infancia marcada por la estabilidad y la abundancia, pero también lo contrario, y por esa razón las personas con esta posición astrológica anhelan la seguridad material en su vida por encima de todo.

☽ La Luna en Géminis ♊

La persona con la Luna en Géminis necesita comunicar sus emociones y pasarlas por el filtro de la mente. Encuentra tranquilidad hablando de sus sentimientos e intercambiando ideas con otras personas. Su mente analiza todo lo que siente, y verbalizar las emociones le resulta muy beneficioso. A menudo pierde el contacto con sus sentimientos al priorizar la mente racional, y le puede costar tomar decisiones. Necesita variedad en su vida y estímulos intelectuales, estudiar cosas nuevas y aprender constantemente, y eso a veces lo lleva a dispersarse y sumergirse en varios asuntos al mismo tiempo. Se siente cómoda con el cambio y lo anhela. Además, es una posición lunar muy social, que precisa relacionarse con personas de diferentes tipos, aunque sea superficialmente.

En el amor conecta con el otro conversando e intercambiando ideas y opiniones, por eso necesita dialogar a diario con la pareja. El silencio será su peor enemigo. Asocia el amor a la comunicación y a las expresiones verbales de afecto. Se siente bien en entornos intelectuales y con una pareja inteligente y ágil mentalmente. Se aburre con facilidad y exige estímulos o cambios dentro de la relación. Debe aprender a empatizar más con la pareja, a conectar con sus emociones en lugar de querer hablar y expresarse constantemente. La Luna en Géminis puede indicar una percepción de la madre como una persona inteligente, ocupada y parlanchina.

☽ La Luna en Cáncer ♋

La persona con la Luna en Cáncer desea sentirse apoyada por su clan o su familia y tener sentimiento de pertenencia. Encuentra paz y tranquilidad rodeada de la familia o los suyos, y está profundamente apegada a sus seres queridos. Es una de las posiciones lunares con más sensibilidad y más vulnerables. Sus estados emocionales son muy cambiantes y a veces desconciertan a quienes la rodean. Puede caer en la dependencia emocional y tener dificultad para salir de la zona de confort, y su gran aprendizaje es ganar autonomía, sostenerse y nutrirse a sí misma. Para las personas con esta posición lunar es indispensable una vida doméstica estable; tienen especial habilidad para la crianza de los hijos y para cuidar, tanto en el ámbito personal como en el profesional. Necesitan pasar tiempo en el hogar para recargarse.

En al amor suele adoptar el rol de cuidador, pero también esperar que la otra persona ejerza esa función, y puede quedarse en una relación conocida por miedo al cambio. Sin embargo, es una posición muy entregada y leal a los suyos, y que muestra mucho afecto cuando confía en el otro. Su lenguaje del amor son los cuidados, así que esperará que su pareja le haga sentirse como en casa y que la cuide. Es una posición lunar muy apegada que huye del cambio, y puede ser posesiva con los suyos. La Luna en Cáncer puede indicar una relación muy estrecha con la madre o el cuidador y todo lo contrario. Por esa razón, cuando se alcanza la madurez se necesita más que nada encontrar estabilidad familiar y sanar la relación con la familia o la madre si hiciera falta.

☽ La Luna en Leo ♌

Para la persona con la Luna en Leo es fundamental sentirse reconocida y apreciada por sus seres queridos y su entorno. No hay halagos suficientes para contentarla, y quiere que la vean y la admiren. Le gusta sentirse especial. Es una luna muy entusiasta, pero también con reacciones emocionales dramáticas, casi teatrales. Expresa sus emociones de forma abierta y vehemente, sin esconderse. Necesita sentirse orgullosa de sí misma y de sus seres queridos, y por esa razón conectará sentimentalmente con personas a las que crea dignas de su admiración y que la hagan sentirse importante. Puede ser una posición lunar muy orgullosa.

En el amor es leal y apasionada, pero puede olvidar las necesidades de su pareja porque está muy centrada en sí misma. Necesita atención constante, con regalos o cualquier cosa que le demuestre que es especial para la otra persona. Debe aprender que la pareja tiene sus propias formas de expresar el amor y no siempre estará disponible para ella, sin que eso signifique falta de interés. En relación con la madre o los cuidadores de la infancia, puede indicar que se percibía egocentrismo, y precisamente por esta razón se busca tanta atención y reconocimiento externo en la edad adulta. A veces es todo lo contrario, y la madre se veía como alguien que prestaba mucha atención y daba reconocimiento constantemente.

☽ La Luna en Virgo ♍

La persona con la Luna en Virgo suele precisar orden y estructura en su vida, así como un trabajo en el que sentirse útil y prestar un servicio a los demás. La vertiente laboral cobra mucha importancia, pero siempre con el deseo de ser de utilidad a otras personas. No le gustan los cambios repentinos y se siente cómoda llevando una vida estructurada y con hábitos que se repiten a lo largo de los días y las semanas. Además, le resulta esencial un entorno limpio y ordenado para estar a gusto.

Tiene una especial conexión con el cuerpo y la salud, y es una de las posiciones lunares que más precisa seguir una alimentación y unos hábitos saludables. De lo contrario, tarde o temprano el cuerpo le expresa su malestar. La Luna en Virgo es la que más somatiza a través del cuerpo, y cuando descuida los buenos hábitos sufre molestias digestivas, alergias y otros síntomas. En relación con la expresión de las emociones, es una posición con mucho autocontrol, y somete todos sus sentimientos y emociones al filtro mental. Analiza cada emoción y pensamiento antes de expresarlo, pero debe aprender a tomar más conciencia de sus emociones y dejarlas salir en lugar de reprimirlas. Como otras lunas de tierra, necesita cierta estabilidad (también económica) para sentirse segura. Además, es muy crítica y autocrítica, y puede exigirse a sí misma la perfección. Uno de sus aprendizajes es dejar atrás el exceso de perfeccionismo y rigidez mental y abrazar los errores. Suele ser muy detallista.

En el amor es una luna que busca serle útil a su pareja y expresa el amor siendo servicial. Uno de sus aprendizajes es saber poner límites cuando ya no puede ocuparse de más asuntos. Al mismo tiempo, puede ser exigente, crítica y perfeccionista con la pareja, cosa que la puede llevar a la insatisfacción o a magnificar los defectos del otro. En relación con la madre o el cuidador, es posible que ella se percibiera como una persona crítica u organizada y estructurada.

☽ La Luna en Libra ♎

La necesidad principal de la persona con la Luna en Libra es que en su vida haya armonía y belleza, así como mantener relaciones satisfactorias, sobre todo en el terreno amoroso. Una de sus prioridades es crear un ambiente pacífico y vivir en él. La paz le resulta indispensable, y el conflicto la desestabiliza emocionalmente. Expresa sus emociones de forma equilibrada y diplomática, aunque a menudo puede ignorar sus necesidades para evitar el conflicto. El arte o la belleza estética suelen estar presentes en su vida, y necesitan sentirse bien con su imagen, a la que le da mucha importancia.

Tener una relación de pareja suele ser muy importante para la Luna en Libra, ya que sola se siente menos cómoda. En el amor necesita alguien que le aporte paz y con quien pueda compartir momentos agradables y conversar y socializar junto a otras personas. Aprecia el romanticismo y que el otro le ayude a tomar decisiones, ya que duda muy a menudo. Normalmente se siente atraída por los cánones estéticos del momento y valora mucho la apariencia física a la hora de escoger pareja. Uno de sus grandes aprendizajes es escucharse a sí misma sin tener en cuenta el qué dirán y tomar sus propias decisiones. Tiende a ceder y a conciliar para huir del conflicto y quedar bien, porque su gran necesidad es tener paz y armonía, pero también debe aprender a insistir en sus puntos de vista y necesidades. Con el tiempo entiende que en toda relación sana hay cierto grado de conflicto y empieza a expresar sus anhelos y molestias abiertamente. En relación con la madre o el cuidador, posiblemente se percibiera como una persona equilibrada, bella, con don de gentes. También puede ser que la madre diera mucha importancia a los modales y a las buenas formas, así como a la belleza física.

☽ La Luna en Escorpio ♏

La persona con la Luna en Escorpio necesita intensidad emocional y transformación en su vida. Esta posición lunar indica que la persona busca, de forma más o menos consciente, experiencias intensas, mediante la sexualidad, el conflicto, el crecimiento personal o profesional o cualquier otra situación que la lleve a sentir que se transforma y está viva. Es una luna de mucha profundidad emocional, pero que no la expresa abiertamente, sino que acumula lo que siente para analizarlo y actuar de forma estratégica. A veces, la acumulación de energía y de emociones contenidas estalla sin remedio. Es una posición astrológica de mucha contención emocional y, al mismo tiempo, de extrema sensibilidad. Es una de las lunas más intuitivas y conectadas con lo esotérico, que además señala posibles dones terapéuticos. Es también una posición lunar muy obsesiva y a veces miedosa.

En el amor se entrega y se fusiona con la otra persona hasta sentir que son uno, y conecta a través de la sexualidad. El sexo funciona como el pegamento que une a la pareja y se vive como una experiencia espiritual con, más que dos cuerpos, dos almas fundiéndose. Es una luna muy apasionada y se siente amada cuando está en una relación muy intensa, poco adecuada para tener relaciones desapegadas o libres, porque suele pecar de ser celosa y posesiva. Tiene tendencia a conectar emocionalmente con personas complicadas y que le suponen un reto, ya que hay algo que en el fondo no soporta: el aburrimiento y lo fácil. Por eso a veces vive el amor como un drama, y puede encontrarse metida en triángulos amorosos, traiciones y otras situaciones turbulentas que, en el fondo, le dan adrenalina. En una relación estable busca inconscientemente tener el control dominando al otro, o, por el contrario, se muestra sumisa. La Luna en Escorpio está vinculada al poder, que se puede vivir en dos posiciones: la del dominante y la del dominado. Su aprendizaje es establecer relaciones sin dinámicas de poder y más horizontales. Respecto a la madre o el cuidador, posiblemente la percibiera como una persona intensa, quizá controladora pero muy entregada con los hijos. En algunas ocasiones, la Luna en Escorpio habla de sucesos en la infancia que marcaron profundamente al niño, tal vez traumáticos, aunque esto dependerá de la carta natal en particular y debería analizarse con detalle.

☽ La Luna en Sagitario ♐

La persona con la Luna en Sagitario busca el crecimiento y nuevas experiencias que lo saquen de su zona de confort. Emprende estudios, viajes u otras actividades para colmar su necesidad principal, que es evolucionar y no quedarse estancada. Es una posición lunar muy optimista, entusiasta y amante de la libertad. Expresa sus emociones a lo grande, pero le cuesta conectar con la tristeza y otras emociones consideradas negativas, hasta tal punto que niega la realidad de situaciones dolorosas. Se siente cómoda estudiando, viajando, aprendiendo cosas nuevas y celebrando la vida.

En el amor persigue una relación con un crecimiento constante, aprendizajes y libertad. Disfruta especialmente de vivir aventuras con su pareja y de hacer cosas nuevas juntos. Cuando se siente más conectada con el otro es cuando comparte creencias y filosofía de vida; de lo contrario, puede ser intolerante con las ideas y opiniones de su pareja. Huye del conflicto, el drama y la monotonía, tres factores que detesta en las relaciones. Sin embargo, debe aprender que a veces habrá disputas y situaciones difíciles, ya que trata de evitar a toda costa experimentar emociones desagradables y lidiar con los problemas. Esta luna, en relación con la madre o el cuidador, puede simbolizar una infancia en la que se dio mucha importancia a los estudios y a los conocimientos, o en la que se viajó a menudo y hubo experiencias de mucho crecimiento. La madre puede verse como una persona culta, inquieta, aventurera y optimista.

☽ La Luna en Capricornio ♑

La persona con la Luna en Capricornio necesita estructura en su vida, así como éxito profesional, estatus y seguridad material. Encuentra tranquilidad emocional en ser autosuficiente y no depender de otros, y es raro que pida ayuda o se deje sostener emocionalmente. De hecho, su mayor virtud es que sabe mantener la estabilidad emocional, pero es muy poco expresiva y es capaz de reprimir lo que siente para cumplir con un deber o con su palabra. Cuando exterioriza sus emociones lo hace de forma controlada, aunque a menudo le resulta difícil explicarlas. Uno de sus aprendizajes es conectar con la vulnerabilidad y entender que no siempre debe ser fuerte.

En el amor se siente cómoda en el rol de proveedor o protector, o cabeza de familia, aportando abundancia y estabilidad económica al hogar. Si no desempeña este papel, busca una pareja que lo asuma y mantenga a la familia, pues este es un elemento muy importante para su felicidad. Prefiere el compromiso a largo plazo y suele ser muy responsable y digna de confianza en sus relaciones. Le cuesta tener empatía y conectar con sus propias emociones, así como aceptar la vulnerabilidad de su pareja, con quien acostumbra a mostrarse exigente y demandante. De lo contrario, puede atraer a parejas con estas mismas características. Necesita que su pareja reconozca su esfuerzo y su trabajo duro, tanto a nivel profesional como en casa. Busca un compañero con quien construir un imperio o un proyecto de vida, y tiene muy claro que, más allá del romance, lo importante en una relación es que ambos miembros florezcan juntos, personal y económicamente. No está a gusto en relaciones sin etiquetas o con un nivel bajo de compromiso. En relación con la madre o persona cuidadora en la infancia, la percibió como una persona dura, autoritaria y más bien fría emocionalmente. Si no es así, puede que la percibiera como una persona responsable y en la que se podía confiar.

Según la astrología tradicional, la Luna en Capricornio es una de las más complicadas, ya que está en el signo opuesto al de su domicilio. El signo de Cáncer tiene como regente a la Luna, y Capricornio es su signo opuesto. En otras palabras: la Luna no está especialmente cómoda en esta posición, pues representa el mundo emocional, y Capricornio es el signo de la autosuficiencia y la no dependencia. Sin embargo, en la consulta vemos que esto no es una característica negativa, sino que indica que el mundo de las emociones no se vive de forma fluida y espontánea como se haría si la Luna estuviera en un signo más afín.

☽ La Luna en Acuario ♒

La persona con Luna en Acuario persigue la independencia y la libertad, su espacio personal y vincularse con grupos de amigos o personas que compartan sus reivindicaciones. Es una posición lunar que indica desapego y que se abruma fácilmente cuando un vínculo es demasiado fuerte. Se desconecta emocionalmente de las otras personas con facilidad, y, de hecho, necesita hacerlo para reconectar consigo mismo. En el terreno de las emociones, le cuesta conectar con lo que siente, ya que es una posición muy mental y objetiva, así que reacciona con calma y objetividad ante la mayoría de las situaciones, pues es capaz de valorarlas con total desapego y sin involucrarse emocionalmente, con bastante imparcialidad. Las personas con la Luna en Acuario se sienten diferentes en su entorno social y familiar y tienen la impresión de no encajar. Uno de sus aprendizajes es aceptar sus propias rarezas y aquello que las hace diferentes a los demás, ya que a veces su misión es romper con tradiciones y formas obsoletas de hacer las cosas y demostrar a los demás que ello es posible.

La base de sus relaciones amorosas es la amistad y el compañerismo, más que el romanticismo o la pasión, y necesita independencia emocional y que se respete su autonomía. Para esta posición lunar es esencial que más allá del romance exista una amistad sólida, y por eso adora conversar y dialogar con su pareja sobre distintos temas. Aunque tenga fuertes sentimientos hacia su pareja o compañero, necesita una buena dosis de espacio personal y pasar tiempo con sus amistades para sentirse bien en la relación, y su desapego puede parecer indiferencia y frialdad. Quiere renovar y cambiar aspectos de la relación constantemente, y no hay nada que la agobie más que el estancamiento o que la controlen. Suele sentirse cómoda con personas diferentes y excéntricas, o con relaciones de estilos alternativos y más libres que los convencionales. Respecto a la madre o el cuidador, esta posición lunar habla de una figura materna desapegada, un poco fría, o cuyo afecto era intermitente, pero también de una persona visionaria, revolucionaria y libre. La persona con esta luna puede haberse sentido abandonada en la infancia o haber vivido inestabilidad emocional, aunque esto no es una regla y dependerá de la carta natal en concreto.

☽ La Luna en Piscis ♓

La persona con la Luna en Piscis tiene una sensibilidad, una empatía y una vulnerabilidad que a veces le resultan abrumadoras. Es una de las posiciones lunares que más se ven afectadas por su entorno y que debe cuidarse de influencias externas pasando tiempo a solas para renovar su energía. Es una esponja que absorbe con facilidad las emociones y energías de su entorno, como el estrés, la tristeza o la ansiedad. Por eso a menudo está sumergida en bucles emocionales sin saber por qué y debe acostumbrarse a descansar en soledad para recuperarse. Sus emociones fluctúan mucho y las expresa abiertamente, aunque en ocasiones busca formas de evadirse de la tristeza y ello puede llevarla a hábitos nocivos o adicciones.

La confusión y la nebulosidad son muy comunes en las personas con la Luna en Piscis. Para encontrar la tranquilidad emocional, a veces necesitan escapar de la realidad de una forma más o menos sana, yendo a ver un espectáculo o escuchando música, por ejemplo. Esta luna tiene una conexión especial con colectivos vulnerables como los niños, los animales, los ancianos y toda aquella persona que necesite ser ayudada. Tiene el don de salvar y atender a los demás, aunque le cuesta poner límites y priorizar su propia energía y salud. Puede mostrar habilidades artísticas o terapéuticas.

En el amor tiende a idealizar al otro o a tener fantasías que después la llevan a la desilusión, y puede adoptar el rol de salvadora o ayudadora. En el fondo, cree que solo la aman cuando ayuda y por aquello que hace, pero debe aprender a descansar y entender que ya es amada por ser quien es. También anhela, secretamente, ser salvada y rescatada de sus desgracias por su pareja, pero con el tiempo se da cuenta de que ella es la única responsable de su felicidad. La Luna en Piscis es muy romántica y asocia el amor a un cuento de hadas, por eso cuando entra en la dinámica rutinaria de una relación a largo plazo se decepciona. Puede tener predilección por amores platónicos o imposibles, porque en su mente estos siempre son perfectos y están lejos de las rutinarias relaciones reales. Sueña con el compromiso con el príncipe o la princesa azul al mismo tiempo que huye de ataduras, lo cual puede parecer contradictorio. En ocasiones considera que tiene parejas con problemas o que necesitan su ayuda, hecho que encaja con su papel de ayudadora compulsiva.

Esta luna nos habla de una madre o un cuidador ausente, o de una figura materna muy espiritual, sensible y quizá bohemia. El niño puede haberse sentido abandonado en la infancia, aunque esto no es una regla y dependerá de la carta natal en concreto.

Práctica con Madonna

Llegó el momento de llevar los conceptos aprendidos a la práctica. Hemos explorado la energía de los doce signos zodiacales y las diferencias entre el Sol, el ascendente y la Luna, los tres elementos primordiales de la carta natal. Antes de empezar a conocer los otros planetas y las casas, vamos a analizar brevemente estos tres factores en un caso real, así podremos integrar lo aprendido y ver cómo se materializa la astrología en la vida. Lo haremos con la carta natal de Madonna, que se puede conseguir en internet porque el día y la hora en que nació son conocidos públicamente.

Madonna, cantante famosa en todo el mundo, tiene el Sol en Leo, la Luna en Virgo y el ascendente en Acuario. Muchos cantantes y personajes públicos tienen energía leonina, porque Leo es el signo más propenso al brillo personal, los talentos creativos y la realización a través de mostrarse a uno mismo. En el caso de Madonna podríamos decir que brillar y compartir sus talentos con los demás es uno de sus propósitos, ya que el Sol está situado en ese signo y representa aquello que se nos da bien, nuestra naturaleza y misión. Lo curioso es que su ascendente se encuentra en Acuario, que es el signo opuesto a Leo y representa la originalidad, la excentricidad, el deseo de ser diferente y romper con los cánones sociales para despertar la conciencia de la sociedad. Está claro que Madonna es la encarnación de la energía acuariana, ya que fue mundialmente conocida por romper esquemas y ser transgresora. Siendo Acuario su ascendente, es probable que esta energía le haya supuesto un aprendizaje, y que a lo largo de su vida ella haya ido aprendiendo a ser diferente, a ser el bicho raro de su entorno y su familia para seguir su propio camino. En este caso vemos que el ascendente matiza mucho la energía del Sol, ya que el Sol en Leo indica la tendencia a perseguir el aplauso y la aprobación de la sociedad sin la vertiente reivindicativa y transgresora que caracteriza a Madonna. La clave de su éxito también se debe a la Luna en Virgo, signo de tierra que la ayuda a esforzarse y a ser extremadamente perfeccionista y exigente con su trabajo. La Luna representa aquello con lo que se siente cómoda, a gusto, y la conexión con su mundo emocional. Estando en el signo de Virgo, que se relaciona con el trabajo, el servicio a los demás, el cuerpo, la salud y el orden (entre otras cosas), es evidente que Madonna le da mucha importancia al deporte y la alimentación, y que no queda satisfecha con cualquier resultado sino que busca la perfección en lo que hace. Con la luna en Virgo, me atrevería a decir que se siente bien con las rutinas del día a día, y que le genera cierto caos interno tener que viajar constantemente y abandonar sus hábitos. El secreto de su éxito es una combinación de pasión (Sol en Leo), autenticidad (ascendente en Acuario) y trabajo muy duro y minucioso (Luna en Virgo).

Como cualquier persona, Madonna no es completamente Leo, Acuario o Virgo, sino que encarna la combinación de las tres energías.

4.
Los planetas

La posición del Sol, la Luna y el ascendente en la carta natal de una persona nos aporta información crucial para entender los rasgos básicos de su personalidad, pero la carta tiene otros factores muy relevantes.

Seguramente te has dado cuenta de que en la parte interna de tu carta natal hay varias figuras repartidas por el espacio. Representan a los planetas del sistema solar y sus posiciones en el momento de tu nacimiento. En astrología tenemos en consideración diez planetas (aunque en rigor la Luna es un satélite y el Sol, una estrella): **Sol**, **Luna**, **Mercurio**, **Venus**, **Marte**, **Júpiter**, **Saturno**, **Urano**, **Neptuno** y **Plutón**. Cada uno

de ellos figura en la carta natal con su localización exacta en ese preciso instante expresada en grados matemáticos.

Acerca de los planetas, es primordial entender que cada uno de ellos se asocia a uno o varios signos del zodiaco porque comparte con estos características elementales. Esto facilita su estudio, pues conocer las características del signo al que está vinculado ayuda a entender su significado.

La tabla siguiente muestra todos los planetas, los signos de los que son regentes y la explicación de lo que simbolizan. Del Sol y la Luna ya hemos hablado en profundidad, pues son los dos más importantes en astrología.

	Regente de...	Simboliza...
Sol ⊙	Leo ♌	Propósito vital, talentos, esencia, yo profundo, yo verdadero, identidad básica. Dónde brillo, dónde destaco, mis talentos, mi voluntad. Aquello que nos hace resplandecer de forma única y genuina. El Sol tarda 365 días en dar la vuelta al zodiaco. Por esta razón, el cumpleaños simboliza la vuelta del Sol al punto en que estaba en el momento del nacimiento.
Luna ☽	Cáncer ♋	Hogar, familia, emociones, sentido de pertenencia. Cuidar a otros, raíces, pasado, sensibilidad, la infancia, vulnerabilidad, sentimientos y reacciones inconscientes. Indica la actitud ante la maternidad y cómo se percibió la infancia o la madre.

Mercurio ☿ ♊ ♍	Géminis y Virgo	Comunicación, mente racional, intelecto, información, las ideas, la rapidez mental. La escritura, el proceso de aprendizaje, las facultades intelectuales, el proceso de pensamiento. Algunos aspectos de Mercurio se asocian más a Géminis (comunicación), mientras que otros se relacionan con Virgo (los detalles). Virgo y Géminis suelen ser dos de los signos con más éxito laboral gracias a la influencia de Mercurio.
Venus ♀ ♉ ♎	Tauro y Libra	Relaciones, feminidad, amor, cooperación, belleza, arte, el deseo, la sensualidad. Venus también representa el dinero. Algunos aspectos de Venus se relacionan más con Libra (belleza, diplomacia, amabilidad, arte, relaciones) mientras que otros se asocian más a Tauro (la sensualidad y el placer).
Marte ♂ ♈ ♏	Aries y Escorpio	Autoafirmación, sano egoísmo, lucha, guerra, ambición, dirección, liderazgo, capacidad de decisión, iniciativa, competición, conquista, impulso, agresividad, sexualidad. Mientras que Aries se asocia a la vertiente de Marte más impulsiva y primitiva, Escorpio tiene la misma energía de acción y agresión pero de forma más analítica y calculadora.

Júpiter	Sagitario y Piscis	Crecimiento, abundancia, viajes, aprendizajes, estudios, maestros, conocimientos compartidos, expansión, ideales, creencias religiosas o creencias de vida, filosofía. Los conceptos teóricos. En astrología tradicional se considera que Júpiter es el «benefactor».
Saturno	Capricornio y Acuario	Los límites, las reglas, la responsabilidad, el trabajo duro, la fuerza de voluntad y la constancia, el sentido del deber y las normas establecidas por la sociedad. La madurez. También representa el karma y las consecuencias de nuestras acciones. En astrología tradicional se le llamaba injustamente «el maléfico», pero en realidad la misión de Saturno es que nos hagamos responsables de nuestras acciones y entendamos que hay normas que cumplir.
Urano	Acuario	Libertad, originalidad, independencia, rechazo de lo socialmente aceptado, diferencia, revolución, rarezas, cambios radicales, desapego, tecnología, inspiración repentina e imprevisible, derribo de las estructuras establecidas. Rebeldía y radicalidad.

Neptuno ♆	Piscis ♓	Espiritualidad, sensibilidad extrema, inspiración, sueños, fantasía, empatía, compasión y perdón, ayuda a los más desfavorecidos, ilusión y desilusión, inexistencia de barreras energéticas entre el yo y los demás. En la carta puede simbolizar inspiración, pero también nebulosidad y confusión.
Plutón ♀	Escorpio ♏	Muerte, renacimiento, metamorfosis, ave fénix, trauma, dolor, crisis existencial, deseos incontrolables, poder sobre otros y poder personal, control, obsesiones, lo tabú (sexo, muerte, dinero), regeneración tras la destrucción, intensidad, miedos y fobias, control emocional, aquello que está oculto, extremos, lo esotérico, fusión emocional con otro.

Todos estos planetas figuran en la carta natal y podemos obtener mucha información estudiando su posición en ella. En el dibujo vemos que cada planeta está situado en un signo (puedes consultar la leyenda de los símbolos de los planetas y los signos en el primer capítulo). Unas veces aparecen dispersos por toda la carta y otras, acumulados en ciertas áreas. Más adelante estudiaremos qué significa esto, pero ambas posibilidades son normales.

El Sol, la Luna, Mercurio, Venus y Marte son los **planetas personales**. Son los que más rápidamente se mueven desde la perspectiva terrestre y reflejan los rasgos más característicos de la personalidad. Júpiter y Saturno son los **planetas sociales**, ya que hacen referencia a la relación del individuo con la sociedad. Urano, Neptuno y Plutón son los **planetas transpersonales**, pues están en el mismo signo varios años y afectan el carácter de generaciones enteras.

Cada planeta se asocia a conceptos y energías presentes en nuestra vida. Todos utilizamos a Mercurio en algún momento, ya que representa la comunicación y el aprendizaje, o a Marte, planeta de la lucha y la determinación, cuando tenemos que activarnos para conseguir un objetivo. Por esta razón los diez planetas están presentes en la carta natal de todas las personas.

Ahora bien, ¿dónde aparece cada uno de ellos? No es lo mismo tener a Venus en Libra, que es su domicilio, que tenerlo en Escorpio. El signo donde se encuentra un planeta determina su expresión. Por ejemplo, si miramos la posición de Venus en la carta natal de una persona, podremos saber sus preferencias y gustos en las relaciones. Mientras que una persona con Venus en Libra desea armonía y equilibrio, una persona con Venus en Escorpio anhela relaciones profundas, intensas y retadoras. El signo en el que están matiza la energía de los planetas, por eso te recomiendo que compruebes en qué signo se encuentra cada uno de estos planetas en tu carta natal y en la de tus seres queridos y que a continuación leas la descripción correspondiente.

EL SOL ☉

El Sol es el astro rey, y el signo donde se encuentra —el signo solar, el que la mayoría de las personas conocen—, configura parte de nuestro propósito, personalidad básica, dones y aprendizajes. Para entender cómo se expresa el Sol en cada signo basta con leer la explicación extendida del signo correspondiente (segundo capítulo).

LA LUNA ☽

La Luna hace referencia a nuestro modo de conectar con el mundo emocional, el hogar y la familia. En el tercer capítulo hemos explorado cómo se manifiesta la Luna en los distintos signos, y la descripción de los signos del segundo capítulo nos ayuda a entender mejor los signos lunares.

MERCURIO ☿

Mercurio es el planeta de la comunicación, la mente racional y los aprendizajes, y, como todo planeta, se expresa a sí mismo de forma distinta dependiendo de la naturaleza del signo en que se encuentra. Nos muestra cómo piensa y se comunica una persona.

☿ Mercurio en Aries ♈

Comunicación directa, energética, impulsiva, sin filtros. Proyecta autoconfianza al expresarse. Puede carecer de tacto o diplomacia al comunicar. Pensamiento rápido y agilidad mental.

☿ Mercurio en Tauro ♉

Comunicación lenta, serena y pausada. Aprende despacio pero retiene los conceptos. Capacidad de bajar ideas a la tierra para hacerlas realidad.

☿ Mercurio en Géminis (domicilio) ♊

Comunicación ágil y fluida. Piensa y aprende con mucha rapidez y tiene facilidad para simplificar conceptos complicados y hacer que los demás los entiendan. Puede lidiar con muchos estímulos mentales. Mercurio está en su domicilio, por tanto esta posición es la del comunicador y la intelectualidad por excelencia.

☿ Mercurio en Cáncer ♋

Comunicación dominada por la sensibilidad y los sentimientos. Tendencia a la timidez y a no querer expresar los pensamientos de forma abierta. Retiene y absorbe los conceptos con facilidad y suele tener una memoria excelente. Es una posición de mucha intuición.

☿ Mercurio en Leo ♌

Comunica con orgullo y teatralidad. Tiene tendencia a dramatizar. Necesita un entorno creativo para aprender. Suele ser una posición de buenos oradores.

☿ Mercurio en Virgo (domicilio) ♍

Comunica de forma minuciosa, metódica, analítica y lógica. Se centra en los detalles y puede perder la visión global de las cosas. Aprende con facilidad y es una excelente posición para organizar y coordinar. Mercurio está en su domicilio.

☿ Mercurio en Libra ♎

Comunica de forma agradable, elegante, diplomática y conciliadora. No pierde las formas. Busca el equilibrio en todas las situaciones y eso puede llevarlo a la indecisión. Aprende con facilidad y prefiere hacerlo en compañía.

☿ Mercurio en Escorpio ♏

Pensamiento profundo y capacidad para investigar y llegar a la raíz de un asunto. Posición de mucha intuición. La comunicación transforma y empodera a otros. Puede favorecer las profesiones del sector de la terapéutica. Cuando se interesa por un tema lo estudia a fondo aprende los conceptos con facilidad.

☿ Mercurio en Sagitario ♐

Comunica de forma grandilocuente y optimista. Puede ser que su entorno lo perciba como una persona sabia. Puede tener interés por los idiomas extranjeros y la enseñanza. Aprende fácilmente ideas y conceptos, pero se queda en las ideas abstractas y no analiza el detalle.

☿ Mercurio en Capricornio ♑

Comunica de un modo práctico, concreto y sin emocionalidad. En algunas circunstancias tiene una forma de pensar rígida. No le cuesta aprender, pero necesita disciplina y trabajo duro.

☿ Mercurio en Acuario ♒

Comunica de manera abierta y con objetividad. Es una posición que favorece la intelectualidad y la agilidad mental. Tiene ideas innovadoras y orientadas al futuro.

☿ Mercurio en Piscis ♓

Pensamiento poco lógico y muy intuitivo. A menudo se expresa de forma confusa y carente de objetividad. Tiene dones artísticos, y su comunicación es poética, imaginativa y empática.

VENUS ♀

En la carta natal, Venus muestra qué deseamos en las relaciones románticas y aporta información de mucho valor acerca de nuestro modo de expresar los afectos. En el caso de las mujeres, describe la feminidad. En el caso de los hombres o de mujeres homosexuales indica el tipo de mujer que desean. Por último, hace referencia a cómo conectamos con el placer.

♀ Venus en Aries ♈

Expresa afecto de forma directa, entusiasta e impulsiva. Le encanta la etapa inicial de las relaciones. Le atraen las personas luchadoras, que toman la iniciativa y con fuerte personalidad. Para él, el placer lo definen la actividad, la aventura y hacer cosas nuevas. La sexualidad tiene un papel muy importante en las relaciones y funciona como una manera de descargar energía. Representa una feminidad guerrera y poco vulnerable.

♀ Venus en Tauro (domicilio) ♉

Se trata del Venus más sensual y sensorial. Expresa el afecto físicamente y puede tener rasgos posesivos. El tacto, las sensaciones físicas y experimentar con los cinco sentidos son su manera de amar y sentirse amado. Desea a la persona que le genera seguridad y estabilidad, y con la que puede experimentar sensaciones y compartir placer. Asocia el placer al confort y al contacto con la naturaleza, y normalmente ama el dinero y la seguridad material. Representa una feminidad sensual

♀ Venus en Géminis ♊

Expresa afecto a través del habla y de la palabra. Se trata del Venus que más valora la inteligencia y poder conversar y comunicarse en sus relaciones. Aprecia las relaciones en las que abundan los estímulos, la variedad, el movimiento y la flexibilidad. Puede mostrarse indeciso respecto a las relaciones y no saber con qué opción comprometerse. Despiertan su deseo las personas con las que coincide en el ámbito mental e intelectual, y su manera de sentirse conectado con el otro es mediante una buena comunicación. Asocia el placer a compartir ideas. Representa una feminidad intelectual y versátil.

♀ Venus en Cáncer ♋

Expresa el afecto de una forma maternal, dulce, protectora, sensible y cuidando al otro. Desea crear un nido o una unidad familiar con su pareja, busca alguien con quien construir un hogar. Valora la relación que le proporciona seguridad emocional y estabilidad. Desea nutrir y ser nutrido. Para él el placer es estar con los suyos, arropar y sentirse arropado. Representa una feminidad maternal.

♀ Venus en Leo ♌

Expresa el afecto de modo teatral, dramático y llamativo. Desea ser admirado y aplaudido. Busca una relación en la que sentirse apreciado y valorado, y que la pareja lo trate como una reina o un rey. Asocia el placer a cualquier situación que le permita sentirse reconocido, sea por sus talentos creativos, sea por sus logros. Representa una feminidad llamativa y explosiva.

♀ Venus en Virgo ♍

Es modesto y hasta tímido cuando expresa el afecto. Desea realizarse a través de su trabajo y busca sentirse útil ayudando a sus seres queridos. Muestra su amor con pequeños detalles y de forma práctica, sin romanticismo. Busca la perfección en sus relaciones y percibe a su compañero como un proyecto que debe mejorar, cosa que junto a su actitud crítica puede convertirse en una complicación. Necesita pragmatismo, orden y control para conectar con el placer. Representa una feminidad práctica y austera.

♀ Venus en Libra (domicilio) ♎

Su expresión del afecto es elegante, gentil, simpática y encantadora. Venus está en su domicilio, así que se trata de una posición seductora y muy femenina en la carta natal de una mujer. Busca una relación en la que sentir paz y tranquilidad y donde haya armonía. Le atraen los cánones de belleza del momento.

Encuentra placer en gustar y flirtear, aunque a menudo no tenga interés real en la otra persona, y también en rodearse de belleza, mediante la decoración o la vestimenta. Representa una feminidad encantadora y gentil.

♀ Venus en Escorpio ♏

Expresa el afecto de forma intensa, apasionada, obsesiva y extrema. Siente especial atracción por personas complicadas o que hayan vivido experiencias difíciles. En ocasiones vive relaciones tóxicas. Desea fusionarse con el otro (cosa que hace, en parte, a través de la sexualidad) y se transforma profundamente gracias a sus relaciones. Tiene tendencia al drama y a generar conflicto u obsesiones para sentir intensidad. Encuentra placer en experimentar emociones fuertes y vivir circunstancias retadoras y que lo hagan evolucionar. Representa una feminidad magnética y poderosa.

♀ Venus en Sagitario ♐

Su modo de expresar el afecto es entusiasta y a lo grande. Se siente bien cuando sus ideas, creencias y filosofía de vida son similares a las de su pareja. Desea relaciones en las que pueda evolucionar constantemente, vivir nuevas aventuras y sentirse libre. A menudo le atraen personas extranjeras o que le aporten una visión diferente de la vida. Encuentra placer en la celebración, en la fiesta y en compartir con otros situaciones alegres, pero también en crecer y desarrollarse como persona. Representa una feminidad libre.

♀ Venus en Capricornio ♑

Expresa el afecto de manera práctica y reservada. Es una de las posiciones de Venus que más facilidad tiene en comprometerse, y es muy leal en sus relaciones afectivas. Puede olvidarse de su deseo real y actuar por deber o por obligación. Su pareja ideal es aquella con la que puede mejorar su estatus social, construir un proyecto de vida y encontrar estabilidad material. También desea tener éxito profesional. Venus en Capricornio no pierde el tiempo con juegos o flirteos y busca relaciones serias y estables. Encuentra placer en vivir de forma estructurada y cumpliendo con sus deberes. Representa una feminidad madura y responsable.

♀ Venus en Acuario ♒

Expresa el afecto intermitentemente y con desapego. Desea tener mucha libertad y espacios personales. Busca una relación basada en la amistad y el compañerismo. Siente atracción por personas diferentes, poco convencionales o que tengan ideas o un estilo de vida alternativo. En ocasiones muestra preferencia por modelos de relación no tradicionales. Para Venus en Acuario, el placer significa poder intercambiar ideas con los demás y recibir estímulos intelectuales. Representa una feminidad rebelde y no convencional.

♀ Venus en Piscis ♓

Es compasivo, gentil y muy sensible al expresar el afecto. Es una de las posiciones de Venus más románticas e idealistas.

En las relaciones desea hacer realidad su fantasía, y a menudo tiene amores platónicos. La rutina del día a día, en cambio, puede traerle desilusión, y a menudo actúa como salvador. Encuentra placer en las experiencias que le permitan evadirse de la realidad y soñar, como la música o los espectáculos, pero a veces cae en adicciones. Representa una feminidad soñadora y compasiva.

MARTE ♂

En la carta natal, Marte muestra la energía de la lucha, la autoafirmación, la determinación, el sano egoísmo y la ambición, así como nuestra forma de enfrentarnos a los obstáculos. También simboliza la energía sexual. En el caso de la mujer heterosexual o del hombre homosexual habla del tipo de hombre que le atrae. En el caso del hombre describe la masculinidad.

♂ Marte en Aries (domicilio) ♈

Es la posición de una persona líder, enérgica e impulsiva. Se enfrenta a los obstáculos con mucha fuerza y determinación, pero también con impaciencia. A menuda tiene conflictos y peleas con otras personas (aunque sea verbalmente), pero no les guarda rencor. Goza de una gran capacidad de acción, sin embargo, le cuesta mantener el interés a largo plazo. La energía sexual es poderosa y puede expresarse con impulsos y arrebatos. Le atraen los hombres decididos, valientes, con iniciativa y que lleven las riendas de la relación. Representa una masculinidad primitiva, conquistadora y atrevida.

♂ Marte en Tauro ♉

Se enfrenta a los obstáculos con paciencia y calma, pero con determinación. Se le da bien luchar por objetivos a largo plazo. No desea entrar en conflicto pero puede hacerlo debido a sus ideas fijas y su obstinación. En la sexualidad le da importancia al erotismo, la sensualidad y el goce a través de los cinco sentidos. La energía sexual se activa especialmente con el disfrute y la belleza. Los hombres que disfrutan de estabilidad financiera y vital son los que le atraen. Representa una masculinidad estable y sensual.

♂ Marte en Géminis ♊

Cuando lucha o se enfrenta a otras personas lo hace de palabra y con un discurso impecable. De hecho, puede desarmar a la otra persona mediante la argumentación y la lógica. A veces le resulta difícil concentrarse en un objetivo y dirigir su energía hacia él, porque dispersa su energía en varias opciones. La energía sexual se activa con la comunicación y compartiendo ideas estimulantes. Le atraen los hombres inteligentes que conquistan a través de la palabra. Representa una masculinidad intelectual.

♂ Marte en Cáncer ♋

Lucha por los suyos y por su familia. Dirige su energía a la búsqueda de la estabilidad familiar y emocional. Su capacidad de acción se ve determinada por sus estados emocionales cambiantes. La energía sexual se activa al sentirse cómodo y arropado por el otro. Se siente atraído por los hombres que inspiran seguridad y con quienes puede formar una familia. Representa una masculinidad protectora y cuidadora.

♂ Marte en Leo ♌

Se enfrenta a los obstáculos de forma dramática y teatral. Pasa a la acción para salvaguardar su orgullo o su dignidad, a veces de forma un poco impulsiva. Busca la valoración externa y el reconocimiento de los demás para autoafirmarse. La energía sexual se activa cuando se siente visto y apreciado por el otro, y cuando siente que le prestan suficiente atención. Es una posición favorable al liderazgo. Le atrae el hombre seguro de sí mismo. Representa una masculinidad apasionada y generosa.

♂ Marte en Virgo ♍

Actúa después de analizar la situación, nunca de forma impulsiva. A veces se estanca en el análisis y demora la acción. Su energía de impulso se activa sobre todo en el trabajo y cuando puede ser útil a los demás. Busca alcanzar la perfección en el ámbito profesional y sentimental, y eso puede llevarlo a la crítica y a fijarse en los detalles que deben mejorarse en lugar de apreciar lo que funciona. La energía sexual puede favorecerse con buenos hábitos de vida. Le gustan los hombres estables, detallistas y organizados. Representa una masculinidad práctica e intelectual.

♂ Marte en Libra ♎

Detesta el conflicto. Es la posición de Marte menos agresiva y más conciliadora. Cuando tiene que enfrentarse a un obstáculo o a una situación difícil nunca pierde las formas y el don de gentes. La energía de lucha se activa para buscar el equilibrio, la paz, la armonía y la justicia. A menudo su problema es la indecisión. La energía sexual se activa con la belleza y compartiendo momentos agradables con el otro. Le atraen los hombres elegantes y diplomáticos que se ajusten a los cánones de belleza del momento. Representa una masculinidad conciliadora.

♂ Marte en Escorpio (domicilio) ♏

Es la posición de Marte más estratégica y resiliente. Puede luchar y superar cualquier obstáculo por difícil que sea, ya que los retos activan su energía. Todo aquello que parezca complicado o desafiante le atrae. Consigue lo que se propone después de elaborar un plan detallado en su mente. Puede mostrarse agresivo y vengativo cuando se siente atacado o dolido. Su energía sexual es muy alta, pero a diferencia de Marte en Aries, no es impulsiva. Busca fundirse emocionalmente con el otro a través de la sexualidad. El hombre poderoso, magnético e intenso es el que lo seduce. Representa una masculinidad magnética y que desprende poder personal.

♂ Marte en Sagitario ♐

Lucha por sus objetivos de forma optimista y sin dudar del éxito. Puede tener rasgos impulsivos y sobreestimar sus capacidades. La energía de la acción se pone en funcionamiento sobre todo para defender sus ideales y creencias. Busca incansablemente crecer como persona y como profesional. La energía sexual se activa en un contexto de aventura o actividades estimulantes. Le atraen los hombres entusiastas, optimistas e idealistas. Representa una masculinidad honesta y optimista.

♂ Marte en Capricornio ♑

Se enfrenta a los obstáculos y situaciones de la vida con seriedad, paciencia y disciplina. Puede actuar por deber o por obligación y llevar a cabo tareas que no le apetecen de forma excelente. Es siempre responsable y fiel a su palabra y a los compromisos asumidos. El éxito profesional es el motor de su vida, así como conseguir objetivos materiales. Posee una energía sexual muy fuerte, pero tiene la capacidad de controlarla o reprimirla cuando le conviene. Siente atracción por los hombres responsables, estables y con éxito y seguridad financiera. Representa una masculinidad proveedora y exitosa.

♂ Marte en Acuario ♒

Lucha por objetivos colectivos y para hacer del mundo un lugar mejor. Es una posición vinculada a los movimientos sociales y a la búsqueda de la justicia. Actúa basándose en la lógica y la racionalidad, sin emocionalidad. Sus ambiciones personales están fuera de los estándares sociales del momento. Busca la independencia y la libertad. La energía sexual procede de las nuevas vivencias y estímulos, del sentimiento de libertad y la experimentación. Le atraen los hombres no convencionales e inteligentes. Representa una masculinidad alternativa y diferente.

♂ Marte en Piscis ♓

Se trata de una de las posiciones menos afines a la acción y la lucha. Se autoafirma de forma compasiva, gentil y empática. Le cuesta poner límites y darse prioridad a sí mismo. Detesta concentrar su energía en un objetivo y se dispersa fácilmente. Le puede costar bajar sus ideas a la tierra y hacerlas realidad. Activa su energía sobre todo para ayudar a los demás, así que es una posición favorable para trabajar con personas. La energía sexual está vinculada al romanticismo y sujeta al estado emocional del momento. Le seduce el hombre sensible y gentil. Representa una masculinidad empática.

JÚPITER ♃

En la carta natal, Júpiter muestra los caminos por los que buscamos crecer y expandirnos a lo largo de nuestra vida. También hace referencia a las convicciones, las creencias y la filosofía de vida de una persona. La astrología tradicional lo consideraba el planeta benefactor, vinculado con la abundancia, y ahí donde se situara en la carta natal predecía buena fortuna (signo y casa). Hoy en día vemos que Júpiter no es necesariamente un benefactor y depende mucho de las acciones que realice cada persona y las decisiones que tome en su día a día. Por ejemplo, el hecho de tener a Júpiter en Virgo, signo relacionado con el cuerpo y la salud, no implica siempre buena salud, ya que para tenerla será necesario cuidarla. Júpiter, por ser el planeta del crecimiento, también señala en qué ámbitos adoptamos conductas excesivas.

♃ Júpiter en Aries ♈

Crece con las nuevas experiencias e iniciando proyectos. Puede simbolizar oportunidades en relación con el liderazgo o un buen nivel de autoconfianza. En exceso habla de tomar demasiados riesgos, agresividad y egoísmo.

♃ Júpiter en Tauro ♉

Construir estabilidad vital y financiera es lo que lo hace crecer. Puede ser favorable en el terreno económico. También se expande a través de la naturaleza y las experiencias placenteras. En exceso puede caer en conductas hedonistas y ser muy materialista.

♃ Júpiter en Géminis ♊

Encuentra el crecimiento en la comunicación, el aprendizaje constante de cosas nuevas y la estimulación de la mente. Puede señalar intelectualidad y la oportunidad de compartir un mensaje con el mundo. En exceso a veces indica dispersión por tener demasiados intereses.

♃ Júpiter en Cáncer ♋

Crece cuando forma una familia o se siente arropado por los suyos. Puede ser favorable en lo familiar. En exceso puede indicar una actitud demasiado reservada y la tendencia a quedarse siempre en la zona de confort.

♃ Júpiter en Leo ♌

Crece mostrándose al mundo y compartiendo sus talentos. Puede ser favorable para posiciones de liderazgo y para obtener reconocimiento a lo largo de la vida o la carrera. En exceso es un posible indicio de egocentrismo y actitud dramática.

♃ Júpiter en Virgo ♍

Le ayuda a crecer servir a los demás a través de su trabajo, cuidar el cuerpo y repetir rutinas saludables. Puede ser favorable en relación con el ámbito laboral y la salud. En exceso puede indicar demasiada atención a los detalles, crítica y escepticismo.

♃ Júpiter en Libra ♎

Encuentra el crecimiento en relacionarse con otros y establecer relaciones equilibradas. Puede favorecer la relación de pareja y la belleza propia o del entorno. En exceso a veces indica indecisión y la pérdida de individualidad para no entrar en conflicto.

♃ Júpiter en Escorpio ♏

Las experiencias traumáticas y difíciles y atravesar procesos psicológicos para renacer como ave fénix es lo que lo hace crecer. Favorece la transformación y la regeneración. Puede simbolizar oportunidades en las situaciones más complicadas (herencias, accidentes, etcétera). En exceso puede indicar crisis vitales habituales, miedo, ansiedad y demasiada intensidad emocional.

♃ Júpiter en Sagitario (domicilio) ♐

Crece estudiando, viajando y compartiendo sus ideas y conocimientos con otros. Favorece la posición de maestro o los negocios y viajes internacionales. Puede indicar derroche y conductas excesivas (con el dinero o la comida, por ejemplo) y la falta de tolerancia con otras ideologías.

♃ Júpiter en Capricornio ♑

Crece cuando consigue metas personales y profesionales con gran disciplina. Favorece el éxito laboral y las posiciones de autoridad. En exceso es posible que indique materialismo y rigidez mental.

♃ Júpiter en Acuario ♒

Encuentra el crecimiento en la autonomía, la libertad y una vida no convencional, así como en la promoción de ideales humanitarios. Favorece la intelectualidad, el cambio y la experimentación. En exceso puede indicar excentricidad, frialdad y demasiado desapego.

♃ Júpiter en Piscis (domicilio) ♓

Para crecer necesita ayudar a otras personas, especialmente los más desfavorecidos. Favorece la conexión con la espiritualidad y las habilidades psíquicas. En exceso a veces indica adicciones, escapismo, evasión de la realidad e ideales irrealizables.

SATURNO ♄

En la carta natal, Saturno muestra nuestro adulto interno, nuestra forma de afrontar las responsabilidades y nuestra disciplina. También simboliza limitaciones y restricciones, y el lugar donde se encuentra en la carta natal puede señalar aquello en lo que encontramos más dificultades pero también los aspectos en los que tenemos un gran potencial y que podemos trabajar.

Para la astrología tradicional, Saturno era un planeta maléfico, interpretación que hoy ha cambiado. Saturno señala lo que quizá nos resulta difícil, y al mismo tiempo las facetas en las que desarrollamos más madurez y disciplina. Está muy vinculado con el trabajo duro, la persistencia y la paciencia. Es probable que muestre escollos que, con esfuerzo y paciencia, pueden convertirse en grandes dones.

Por ejemplo, el hecho de tener a Saturno en Cáncer, signo de la familia, puede indicar que se han vivido dificultades familiares o que se es una persona con gran sentido de la responsabilidad hacia los suyos. Será especialmente importante ver en la carta natal la casa donde se encuentra para precisar a qué hace referencia.

La siguiente tabla recoge las palabras clave de cada posición referidas a las dificultades o a las habilidades ganadas con esfuerzo y trabajo duro.

	Dificultades o aspectos que se pueden perfeccionar
Saturno en Aries ♄ ♈	Confiar en uno mismo, liderar, emprender, ser independiente, iniciar proyectos

Saturno en Tauro ♄ ♉	Disfrutar de los placeres de la vida, conectar con el cuerpo y los cinco sentidos, generar estabilidad económica
Saturno en Géminis ♄ ♊	Comunicar, adquirir nuevos conocimientos
Saturno en Cáncer ♄ ♋	El hogar, la familia, conseguir estabilidad emocional, adquirir sentido de pertenencia
Saturno en Leo ♄ ♌	Brillar, mostrar los talentos, obtener reconocimiento, desplegar la creatividad
Saturno en Virgo ♄ ♍	El trabajo, ser útil a los demás, cuidar el cuerpo y la salud
Saturno en Libra ♄ ♎	Establecer relaciones equilibradas
Saturno en Escorpio ♄ ♏	Atreverse a morir y renacer, transformarse, lidiar con la profundidad emocional, fusionarse con otro en una relación y entregarse emocionalmente

Saturno en Sagitario ♄ ♐	Confiar en la vida, estudiar, viajar, compartir ideas y conocimientos
Saturno en Capricornio (domicilio) ♄ ♑	Alcanzar metas profesionales. En este caso, Saturno está en su domicilio e indica un carácter sumamente responsable, comprometido y disciplinado
Saturno en Acuario (domicilio) ♄ ♒	El cambio, lo no convencional, romper con tradiciones y el *statu quo* social. También en este caso, Saturno se encuentra en su domicilio y es señal de responsabilidad y compromiso (eso sí, con todo lo no convencional)
Saturno en Piscis ♄ ♓	Fluir, expresar emociones y sentimientos, admitir la vulnerabilidad, perdonar, cultivar la espiritualidad, ayudar a los demás

URANO, NEPTUNO Y PLUTÓN ♅ ♆ ♇

Los tres últimos planetas son conocidos como los planetas transpersonales o transgeneracionales, pues tardan años en dar la vuelta al zodiaco y por tanto se quedan en un signo durante largos periodos de tiempo. Urano permanece siete años en cada signo; Neptuno, unos catorce años, y Plutón, un promedio de veintiún años. Por esta razón, el signo en que se halla no es un dato importante de la carta natal, pues comparte esa configuración con toda una generación y no revela información particular de cada persona. Lo que sí interesa es ver en qué casas están y si forman aspectos con otros planetas, cuestión que trataremos en los siguientes capítulos.

Urano, regente de Acuario, representa la originalidad, el cambio radical, lo inesperado, la innovación, la tecnología y el desapego, entre otras cosas. Neptuno, regente de Piscis, simboliza la espiritualidad, la compasión, la sensibilidad, la vulnerabilidad. Plutón, regente de Escorpio, representa la muerte y la transformación.

Conclusiones

La carta natal es un diagrama de los doce signos del zodiaco, en el que también aparecen los diez planetas situados en diferentes posiciones, que muestra la configuración del sistema solar que veríamos desde la Tierra en el momento del nacimiento.

Como hemos visto en capítulos anteriores, el signo que todos reconocemos como el nuestro es aquel donde se encuentra el Sol, pero además de este, para determinar nuestra esencia y personalidad, también entran en juego otras energías, como la Luna y el ascendente. Y esto no es todo: intervienen todos los planetas, no solo el Sol y la Luna, y cada uno se expresa de forma distinta dependiendo del signo en que está. Mediante el estudio de la posición de los planetas podemos averiguar qué deseamos en el amor (Venus), cómo luchamos y nos autoafirmamos (Marte), cómo comunicamos y pensamos (Mercurio), qué nos hace crecer y expandirnos (Júpiter) o qué nos plantea dificultades o hemos podido perfeccionar (Saturno).

Sin embargo, no me cansaré de repetir que estas posiciones no pueden interpretarse de forma aislada y sin contexto. Por ejemplo, si una persona tiene a Venus en Libra, esto puede significar que desea que haya armonía en sus relaciones, pero si la misma persona tiene la Luna, el Sol o el ascendente en Escorpio, también buscará intensidad y profundidad en ellas, lo cual puede parecer contradictorio.

En este punto empezamos a entender una de las grandes enseñanzas de la astrología: somos seres sumamente contradictorios, y la carta natal muestra los diferentes personajes que viven en nosotros, los deseos y necesidades, a menudo opuestos, que albergamos. Así, es posible que uno no se identifique completamente con la descripción de cada posición planetaria, pues somos, al fin y al cabo, un conjunto de energías distintas, algunas de las cuales anulan a otras o predominan sobre ellas.

Por ahora sabemos cuál es la energía de los doce signos, qué significan los diez planetas y sus diferentes expresiones dependiendo del signo en que se encuentran. A continuación daremos un paso más y estudiaremos qué son las casas y la información imprescindible que nos aportan.

5.

Las casas

INTRODUCCIÓN

En la carta natal vemos cómo estaba configurado el sistema solar desde nuestra perspectiva terrestre en el momento del nacimiento. En este mapa figuran los doce signos del zodiaco y los diez planetas, pero también una franja dividida en doce parcelas o casas.

Así pues, la carta natal queda dividida en doce porciones. Cada una de las casas representa un área de la vida. Se divide la eclíptica en doce sectores, desde la perspectiva de un punto concreto de la Tierra y en una hora determinada. Por esa razón la distribución de las casas varía en función de la hora del nacimiento y la carta natal resultante es totalmente distinta a cualquier otra.

El sistema de casas más utilizado, y el que yo considero más conveniente, es Placidus, aunque hay otros que no mencionaré en este libro.

La división de las casas se basa en cuatro ángulos, es decir, se parte la «tarta» en cuatro grandes porciones que son el ascendente (AC) en la parte izquierda; el descendente (DC) en

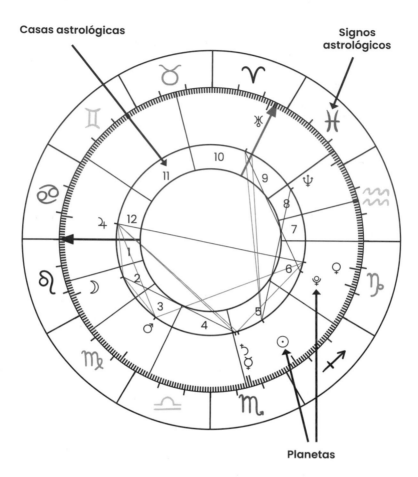

la parte derecha, opuesta al ascendente; el medio cielo (MC), o sea, el grado del zodiaco más alto sobre el horizonte, y el bajo cielo, (IC o FC), que es el grado de la eclíptica más bajo.

El **ascendente** es uno de los elementos más importantes en la interpretación de la carta y posiblemente determina parte de la personalidad y la esencia de la persona, así como la imagen que esta proyecta al mundo.

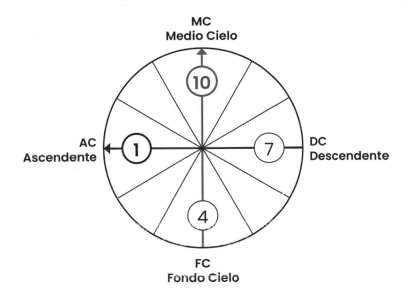

El **descendente**, opuesto al ascendente, señala el inicio de la séptima casa y revela información sobre la actitud del individuo con la pareja o el socio.

El **bajo cielo o fondo cielo** indica el inicio de la cuarta casa y hace referencia al hogar, la familia y las raíces de la persona.

El **medio cielo** establece el inicio de la décima casa y hace referencia a la carrera, la profesión y el reconocimiento público.

Para interpretar la carta natal es especialmente importante ver qué planetas se sitúan cerca de estos cuatro puntos angulares. Se considera que un planeta está cerca de ellos cuando se encuentra a una distancia de seis grados o menos. Ampliando el dibujo de la carta se puede apreciar que cada signo está dividido en treinta grados, lo cual nos permite comprobar si un planeta está lo bastante cerca de un punto angular o no.

Por ejemplo, que el planeta Urano se sitúe cerca del ascendente (a seis grados o menos) revelará que la persona cuya carta natal se analiza proyecta una imagen excéntrica, poco convencional, con predisposición al cambio, o que estas cualidades forman parte de su personalidad. Esto es así porque Urano, regente de Acuario, representa estas características, y al estar cerca de la línea del ascendente determina mucho la personalidad y la apariencia de la persona, aunque su Sol, su Luna o su ascendente no concuerden con esta energía. En cambio, si este mismo planeta se situara cerca del descendente, su posición indicaría que las cualidades mencionadas las encontraría en las parejas, o reflejaría un estilo afectivo no convencional.

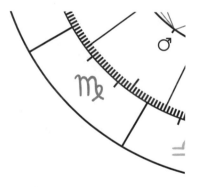

Todas las casas funcionan de este modo, y gracias a ellas sabemos en qué ámbitos de la vida entran en acción los planetas. Por ahora hemos visto qué indica tener Venus en Escorpio, o Marte en Acuario, o Mercurio en Virgo. Ahora bien, ¿qué ocurre cuando estos planetas se sitúan en una u otra casa? Probablemente su energía se manifieste más en los ámbitos de la vida que le corresponden. Veamos el significado de las casas y más adelante las analizaremos paso a paso con ejemplos.

SIGNIFICADO DE LAS CASAS

Sabemos que hay doce casas y que cada una hace referencia a un ámbito concreto de la vida. En la tabla que sigue encontrarás los significados de todas ellas. Mira a ver en qué casas de tu carta natal hay más planetas.

Casa 1: Apariencia, imagen, identidad, autoexpresión, personalidad, autoconcepto. El ascendente marca el inicio de la primera casa.

Casa 2: Dinero, posesiones, patrimonio, autoestima, autoconfianza.

Casa 3: Comunicación, contratos, aprendizajes, educación básica, viajes cortos, hermanos.

Casa 4: Hogar, estabilidad, familia, raíces.

Casa 5: Hijos, romance y amor, creatividad, emprendimientos, aficiones.

Casa 6: Trabajo, servicio a los demás, salud, rutinas y hábitos.

Casa 7: Pareja estable, matrimonio, socio comercial, asociaciones.

Casa 8: Transformación, procesos psicológicos, crisis, duelo, muerte y renacimiento (metafóricamente hablando), sexualidad, intimidad, entrega emocional y fusión en una relación, dinero compartido con otros (herencias, impuestos, deudas, cuentas en conjunto).

Casa 9: Creencias, filosofía de vida, viajes largos, crecimiento personal y profesional, estudios superiores.

Casa 10: Profesión, carrera, propósito vital.

Casa 11: Grupos, comunidad, amigos, círculo social, compañeros de trabajo, proyectos en equipo, ideales o movimientos sociales.

Casa 12: El inconsciente, el karma, la espiritualidad, los retiros.

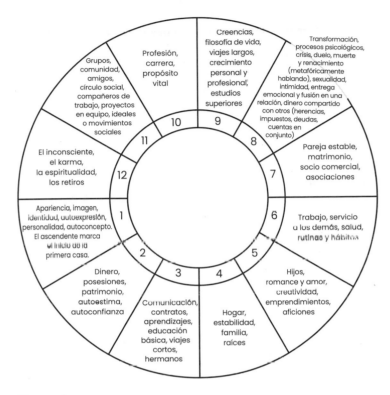

Casa 1

Apariencia, imagen, identidad, autoexpresión, personalidad, autoconcepto

La primera casa empieza con la línea que marca el ascendente, y a partir de ella siguen el resto de los signos por orden zodiacal. Esto explica que el orden de los signos sea distinto en la carta natal de cada persona, pues lo marca el ascendente, que siempre ocupa la primera posición. Los planetas que estén situados en esta casa determinarán fuertemente la personalidad y la apariencia de la persona. Por ejemplo, Venus en la casa 1 indicaría una personalidad amable, agradable y con don de gentes, así como, posiblemente, belleza física, más allá de lo que refleje el signo solar, el lunar y el ascendente de la persona. La influencia de los planetas que se hallen en la casa 1 será aún más fuerte si están cerca de la línea del ascendente.

Casa 2
Dinero, posesiones, patrimonio, autoestima, autoconfianza

La casa 2, en los orígenes de la astrología, hacía referencia al patrimonio y las riquezas de una persona. Hoy en día la denominamos «casa del dinero», porque nos habla también del salario, las fuentes de ingresos, los ahorros y, en general, de la salud financiera y la actitud hacia el dinero. Los planetas que se encuentren en esta casa pueden explicar nuestra relación con el dinero (por ejemplo, Júpiter indicaría posibilidades de adquirir riquezas pero también de excesos y gastos exagerados). Al mismo tiempo, esta casa tiene que ver con la autoestima porque en astrología se considera que la energía de esta y la del dinero son muy parecidas: cuanta más autoestima y confianza en uno mismo tiene una persona, más abundancia fluye a su vida.

Casa 3
Comunicación, contratos, mente, aprendizajes y educación básica, viajes cortos, hermanos

La casa 3 hace referencia a la mente, la comunicación, los contratos, los estudios básicos, los viajes cortos y los hermanos. Los planetas que se encuentren en ella pueden indicar mayor o menor facilidad en estas temáticas. Por ejemplo, el Sol en la casa 3 podría indicar el don de la comunicación, y es una posición astrológica de muchos periodistas y escritores.

Casa 4
Hogar, estabilidad, familia, raíces

La casa 4 representa el hogar y la familia, las raíces y la zona de confort de una persona. Los planetas que se encuentran en ella pueden darnos información sobre la infancia de la persona y sobre la percepción que tuvo esta de los cuidadores o la madre, similar a la información que nos proporcionan la Luna y su signo en la carta natal. Por ejemplo, si Plutón se encuentra en la casa 4 podríamos construir la hipótesis de una infancia turbulenta o intensa, o con experiencias muy transformadoras.

Casa 5
Hijos, romance y amor, creatividad, emprendimientos, hobbies

La casa 5 alude a los hijos, el amor y la creatividad. Es importante saber que no predice si alguien tendrá hijos o no, pues he visto muchos casos en que algo que parecía muy evidente al final no se cumplió (Saturno en la casa 5, por ejemplo, no generaría problemas necesariamente, así como Júpiter en la casa 5 no supondría una garantía de descendencia). También podría explicar la relación con los hijos y la actitud ante el amor y el romance, así como los proyectos creativos y los emprendimientos.

Casa 6
Trabajo, servicio a otros, salud, rutinas y hábitos

La casa 6, juntamente con la casa 10, es clave para entender el propósito profesional de una persona. Nos habla del trabajo del día a día, así que los planetas que se encuentren en ella nos darán importantes pistas sobre posibles profesiones. En menor medida, como explicaremos más adelante, podremos tener en cuenta el signo que rige la casa. Además, nos habla también de la salud y el cuerpo, sin emitir una predicción concreta. Por ejemplo, Marte en la casa 6 podría indicar una profesión muy activa, tal vez relacionada con el deporte, y el don del emprendimiento, así como la necesidad de moverse físicamente para conservar la salud.

Casa 7
Pareja estable, matrimonio, socio comercial, asociaciones

La casa 7 es tradicionalmente la casa del matrimonio y las asociaciones, y hoy también la consideramos la casa de la pareja. No hace referencia al romance y al amor, sino a las relaciones muy establecidas y de larga duración, que conllevan deberes y derechos a ambas partes. Los planetas que se encuentren en ella reflejan las experiencias que la persona vive en las relaciones o el tipo de personas a las que atrae. Así, Marte en la casa 7 puede indicar que la persona está muy centrada en la pareja y le dedica mucha energía, pero también que atrae a personas con cualidades marciales (agresivas, competitivas, líderes y hasta dominantes). Es importante recordar que no se puede predecir si la persona tendrá pareja o no, pero la interpretación de la casa nos da pistas de las dificultades o experiencias que puede vivir. Por ejemplo, Plutón en esta casa alertaría de posibles relaciones tóxicas o, según la interpretación positiva, de relaciones altamente transformadoras.

Casa 8

Transformación, procesos psicológicos, crisis, duelo, muerte y renacimiento (metafóricos), sexualidad, intimidad, entrega emocional y fusión en una relación, dinero compartido con otros (herencias, impuestos, deudas, cuentas en conjunto)

Si bien la casa 8 era tradicionalmente conocida como la casa de la muerte, en la actualidad vemos que habla de muerte psicológica y procesos de transformación intensos en la vida de cualquier persona, como podría ser el duelo. No es una casa negativa pero sí poderosa, y la presencia de varios planetas en ella puede indicar dones terapéuticos o hasta esotéricos. Hace referencia también a temas tabú como la sexualidad y describe el modo en que entregamos el corazón pasada la fase inicial de cortejo en una relación, volcándonos con el otro, lo cual nos hace vulnerables. Asimismo, habla de dinero compartido (con la pareja o socio) y de deudas, impuestos y herencias.

Casa 9
Creencias, filosofía de vida, viajes largos, crecimiento personal y profesional, estudios superiores

La casa 9 da información relativa a los estudios universitarios o superiores, a los viajes y a toda experiencia que nos libera y nos hace salir de la zona de confort. Se asocia también a los maestros y a la enseñanza, así como a las creencias y la filosofía de vida de una persona. Los planetas presentes en ella indican cómo se experimentan estas temáticas o la importancia que tienen en la vida de la persona. Por ejemplo, el Sol en esta casa determinaría un propósito vital muy vinculado a estas experiencias.

Casa 10
Profesión, carrera, propósito vital

La casa 10 o medio cielo es la casa del propósito, y resulta esencial para analizar la carrera profesional y el camino que sigue la vida de la persona. El signo en que se encuentra el medio cielo aporta información muy importante acerca de estas cuestiones. Cuando la casa 10 la ocupan más de un signo tenemos en cuenta el signo señalado por la línea que inicia la casa. Los planetas presentes en ella nos ayudan a completar la interpretación. Por ejemplo, un medio cielo en Piscis puede indicar una carrera profesional dedicada a ayudar a los demás o vinculada al arte, campos muy cercanos a este signo. Si además hubiera planetas en la casa 10, serían igual de imprescindibles para la interpretación de la carta natal.

Casa 11
Grupos, comunidad, amigos, círculo social, compañeros de trabajo, proyectos en equipo, ideales o movimientos sociales

La casa 11 es la casa de los amigos o del ambiente grupal en el que se mueve la persona, tanto en el desempeño de su profesión como en los momentos de ocio. Los planetas que aparecen en ella pueden indicar la importancia de las amistades o del círculo social, y la mayor o menor facilidad con que se desarrollan las relaciones en este ámbito. Por ejemplo, Mercurio en esta casa favorecería comunicar ideas a un grupo o a un colectivo, o la interacción social en general.

Casa 12
El inconsciente, el karma, la espiritualidad, los retiros

La casa 12 es la más misteriosa porque habla del inconsciente, el karma y la espiritualidad. También hace referencia a vidas pasadas y al embarazo de la madre. Al igual que la casa 8, esta es una casa poco comprendida porque no es negativa. Los planetas presentes en ella nos dan información sobre estos aspectos de la persona. Por ejemplo, Venus en esta casa puede indicar que le resultan muy agradables las actividades espirituales, como un retiro de meditación, que soporta la carga de relaciones importantes de vidas pasadas o que le quedó marcada una experiencia positiva que tuvo estando en el vientre materno. Esta casa también hace referencia a un posible retiro, pausa, gestación o espera en la vida de la persona, y es habitual que personas con varios planetas en ella trabajen o tengan relación con hospitales, cárceles, retiros espirituales, etcétera. Es importante reiterar que tener el Sol o varios planetas en esta casa no condena a la persona a una vida de retiro espiritual o de aislamiento; al contrario, puede mostrar una personalidad muy sensible y una importante afinidad con el mundo espiritual.

Por razones lógicas, aquellas casas donde hay más planetas son las que cobran más importancia en la vida de una persona. Una pregunta que me hacen a menudo en la consulta es qué ocurre con las casas vacías, y la respuesta es que no suponen nada malo. Tener la casa 5 vacía no significa que la persona esté condenada a no tener hijos. Primero, porque la astrología no predice eventos con tal exactitud, y en la vida de una persona existen otros factores que influyen en un asunto como este. Segundo, porque suele ser precisamente en las esferas con presencia de planetas donde experimentamos las mayores lecciones, retos y regalos en la vida.

Así pues, las casas nos permiten entender en qué ámbitos se despertará la energía de los planetas y qué áreas de la vida coparán nuestra atención, porque en ellas aprendemos grandes lecciones o recibimos bendiciones, o las dos cosas. En este sentido, es especialmente importante la casa donde cae el Sol.

También es relevante ver, además del Sol, si se concentran planetas de forma significativa en alguna casa. Cuando hay tres o más planetas en una casa de la carta natal estamos ante un *stellium*, y los ámbitos a que se refiere esa casa pasarán a ser uno de los ejes principales de la interpretación.

Por último, es interesante comprobar qué arquetipos o signos adicionales cobran trascendencia al tener en cuenta las casas. Por ejemplo, si hay una gran concentración de planetas en la casa 6, o está situado el Sol en esta casa, las cuestiones relativas al trabajo, el cuerpo y la salud pasarán a ser de vital importancia para la persona. Al margen del signo del Sol, el ascendente o la Luna que tenga, la energía de Virgo se volverá muy significativa por la activación de estas cuestiones mediante la casa 6, y es probable que la persona se sienta identificada con las características virginianas descritas en este libro.

Así pues, y estoy segura de que algún lector ya se habrá dado cuenta, todas las casas tienen correspondencia energética con un signo. En este caso, vemos que la casa 6 habla del trabajo, la salud y el cuerpo, las rutinas y los hábitos. En definitiva, ¡energía de Virgo! La casa 8 se refiere al renacimiento y la transformación, energía escorpiana, y todas las demás, cada una con sus referencias, tienen un paralelismo con un signo en concreto. Por tanto, aunque una persona tenga el Sol, la Luna y el ascendente en otros signos, solo por el hecho de que el Sol o un grupo de planetas se sitúen en la casa 6, se le activarán los ámbitos virginianos y es muy probable que sienta cierta cercanía con Virgo. Normalmente, la casa donde cae el Sol o donde hay un *stellium* activa un signo adicional, que influye en una parte sustancial de la esencia de la persona.

Casa 1	temáticas vinculadas con el signo de **Aries**
Casa 2	temáticas vinculadas con el signo de **Tauro**
Casa 3	temáticas vinculadas con el signo de **Géminis**
Casa 4	temáticas vinculadas con el signo de **Cáncer**
Casa 5	temáticas vinculadas con el signo de **Leo**
Casa 6	temáticas vinculadas con el signo de **Virgo**

Casa 7	temáticas vinculadas con el signo de **Libra**
Casa 8	temáticas vinculadas con el signo de **Escorpio**
Casa 9	temáticas vinculadas con el signo de **Sagitario**
Casa 10	temáticas vinculadas con el signo de **Capricornio**
Casa 11	temáticas vinculadas con el signo de **Acuario**
Casa 12	temáticas vinculadas con el signo de **Piscis**

Normalmente, una misma casa se encuentra ocupada por dos signos distintos, ya que en la carta natal la división de las casas no coincide con la de los signos. Entonces, la energía dominante de la casa es la del signo en el que se inicia la casa. Por ejemplo, si la casa 2 empieza en Tauro y abarca una parte de Géminis, se considera regida por Tauro. Más adelante veremos qué puede significar esto, especialmente cuando hay casas vacías.

LOS PLANETAS POR CASAS

Para poder interpretar de qué forma actúan los planetas en cada casa, debemos recordar cuál es su naturaleza y los aspectos a que se refiere la casa en que están situados. De momento hemos aprendido a interpretar qué significa tener a Venus en Virgo, y ahora veremos qué ocurre cuando ese mismo planeta cae en una casa en concreto.

Por ejemplo, Barack Obama tiene el Sol en Leo, el ascendente en Acuario y la Luna en Géminis. Como ya hemos visto con anterioridad, la presencia de energía leonina indica que existen grandes talentos que mostrar a los demás, y muchos cantantes y personajes públicos tienen algún planeta importante o el ascendente en este signo. El ascendente en Acuario nos habla de que, a pesar de su popularidad en muchos sectores, la persona proyecta una imagen diferente, rompedora, y se desmarca del *statu quo* del momento. En efecto, es obvio que Obama ha significado un antes y un después en la historia de Estados Unidos y ha sido revolucionario en muchos aspectos. La Luna en Géminis señala un intelecto y una habilidad para la oratoria destacables, además de una posible necesidad emocional de compartir ideas con otras personas.

Ahora bien, Obama tiene el Sol en la casa 6. El Sol, que es el astro rey, marca parte de la esencia y el propósito, y ya sabemos que está en el signo de Leo. Ahora bien, la casa 6 dice que los aspectos principales de su vida son el trabajo, el servicio a los demás, el cuerpo y la salud. De momento, está claro que ha dedicado un gran esfuerzo al trabajo y el servicio, y quizá en su vida privada le da especial importancia a cuidarse.

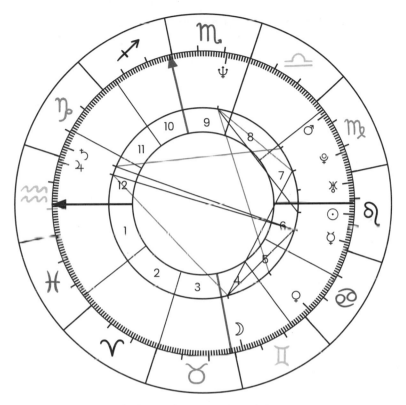

Carta natal de Barack Obama. Fuente: carta-natal.es.

Veamos otro planeta en este ejemplo. En la carta natal de Obama, Mercurio está en el signo de Leo, y también en la casa 6. Mercurio, el planeta de la comunicación, nos viene a decir que Obama tiene una forma llamativa de comunicar (Mercurio en Leo) y que utiliza ese don sobre todo en el ámbito del trabajo o que puede tener una profesión relacionada con la comunicación (Mercurio en la casa 6). Esta es una de las muchas posibles interpretaciones, que en este caso concuerda claramente con la realidad.

Otro elemento que resulta interesante analizar es Venus. Obama tiene a Venus en Cáncer en la casa 5. Sabemos que Venus representa el amor, las relaciones y el deseo, y también el tipo de mujer que Obama encuentra atractiva. Esta posición señala que Obama desea estabilidad familiar y el calor de un hogar, y que probablemente le atrae un estilo de mujer familiar y hogareña, con quien pueda formar una familia. ¡Qué diferente sería si Venus estuviera en otro signo! Además, resulta que Venus está en la quinta casa. Esa casa habla del amor, los hijos, los emprendimientos y la creatividad, así que podría indicar el deseo (y digo «deseo» porque estamos interpretando a Venus) de tener hijos, la predisposición a establecer una relación armónica con ellos y la importancia del romance y la seducción (eso sí, con el fin último de crear un hogar y conectar emocionalmente, no olvidemos que está en Cáncer).

Obama tiene a Marte en Virgo en la casa 7. De hecho, tiene tres planetas en la casa 7, que hace referencia a la pareja estable, el matrimonio y las asociaciones. Se trata de un *stellium* en toda regla, que señala la gran relevancia que adquieren estos aspectos en su vida, sea en forma de retos o experiencias, sea por la importancia que él le otorga a la pareja. Marte, planeta de la lucha y la determinación, está situado en Virgo, el signo del trabajo, el servicio y la salud. Está claro que Obama lucha por poder servir y que sentirse útil le da fuerza. También es evidente que el trabajo y lo profesional activan toda su energía, y que tiene una forma de superar obstáculos analítica, reflexiva y poco emocional. Todo ello puede deducirse del hecho de que Marte esté en Virgo. Ahora bien, que Marte esté en la casa 7 podría darnos a entender que dedica mucha energía a su pareja, pero al mismo tiempo podríamos interpretar que la energía marcial de competitividad y lucha se activa en ella. Eso sí, sin ser una competitividad agresiva como sería la de Marte en Aries; no olvidemos que está en Virgo. Al fin y al cabo, son distintas teorías que deberíamos contrastar con él en persona. Marte se encuentra casi en su casa 8, así que también podríamos considerar que influye en ella y hacer la interpretación correspondiente para ver cuál tiene más sentido.

Así pues, cabe decir que el trabajo del astrólogo consiste en imaginar cómo se manifestarían las posibles combinaciones de los significados de un planeta, un signo y una casa, tarea nada fácil. De hecho, la astrología permite hacer hipótesis, y es el consultante quien las confirma, matiza o refuta.

Veamos en la tabla siguiente la información que revelan los planetas según la casa en que estén situados.

Planeta	La casa donde se encuentra revela...
Sol ☉	Propósito principal, aspectos de la persona muy relevantes a lo largo de toda la vida, como aprendizajes o como dones. Además de las cualidades del signo en que esté el Sol, la casa matiza qué áreas aportan vitalidad a la persona y qué aspectos le ayudan a conectar con su esencia y su bienestar.
Luna ☽	Áreas donde uno busca confort, seguridad emocional y sentido de pertenencia.

Mercurio ☿	Áreas donde uno quiere aprender o comunicar, o en las que se centra y hay energía mental.
Venus ♀	Áreas donde uno busca placer, disfrute y felicidad.
Marte ♂	Áreas donde hay más ambición, capacidad de iniciativa o conflicto. Estas áreas proporcionan energía a la persona.
Júpiter ♃	Áreas donde se experimenta crecimiento y puede haber abundancia. En la astrología tradicional se consideraba que estas áreas estaban bendecidas, ya que Júpiter tenía la imagen de planeta benefactor. También puede haber excesos.
Saturno ♄	Áreas de la vida donde la persona encuentra más dificultades o límites, pero en las que, al mismo tiempo, puede llegar a convertirse en experta. También muestra áreas donde se tienen más responsabilidades, donde hay más estabilidad y satisfacción a largo plazo.
Urano ♅	Áreas de la vida donde uno necesita más libertad, desapego, cambio e innovación y donde uno es más revolucionario. Puede generar inestabilidad.

Neptuno ♆	Áreas de la vida donde uno conecta con la espiritualidad, fluye y deja el control, pero también donde hay idealización y fantasía, ilusión y desilusión.
Plutón ♀	Áreas de la vida donde uno vive experiencias transformadoras o experiencias duras que le hacen renacer *a posteriori*. También muestra dónde hay un potencial de gran poder personal tras superar miedos y situaciones tóxicas.

Es importante recordar que deberemos imaginar cómo se combina la energía propia del planeta con la del signo en que está, y añadir el significado de la casa. La combinación de estos tres factores nos permitirá hacer hipótesis, con la excepción de los planetas transpersonales (Urano, Neptuno y Plutón), ya que en su caso no interpretaremos el signo en que están situados, sino solamente su naturaleza con la casa.

Cuando un planeta está situado entre dos casas podemos interpretar su combinación con cada una de ellas y ver cuál concuerda mejor con el consultante o tiene más sentido. En general, sin embargo, consideramos más importante la casa donde está entrando (por ejemplo, si el planeta está entre las casas 4 y 5, la casa 5). La leyenda de la carta natal, con las posiciones matemáticas de todos los planetas, muestra cuándo uno de ellos está pasando de una casa a otra.

Aunque las casas con planetas suelen ser mucho más relevantes, si queremos analizar una en la que no hay ninguno, nos fijaremos en el signo que la ocupa. Este signo nos da información valiosa sobre cómo encaramos las temáticas de dicha casa. Por ejemplo, una casa 5 (romance, hijos, emprendimientos) en Sagitario podría indicar predisposición a compartir experiencias nuevas y aventuras con la persona amada, o tal vez una actitud atrevida y optimista con los emprendimientos. Para saber el signo que ocupa una casa debemos fijarnos en el signo de la cúspide o inicio de la casa. Sin embargo, insisto en que aquellas casas con presencia de planetas son mucho más relevantes.

En este caso, el signo de la casa 4 es Libra, ya que es en este signo donde empieza la casa. Eso nos permite hacer hipótesis sobre el hogar y la familia, ya que no hay planetas presentes en la casa. Podríamos decir que a la persona en cuestión le importa tener armonía y equilibrio en el hogar y paz en las relaciones familiares. Asimismo, la energía libriana quizá indica que en su familia de origen se ha dado importancia a las apariencias y a los modales, cosa que deberíamos contrastar analizando la Luna (que también habla de la familia).

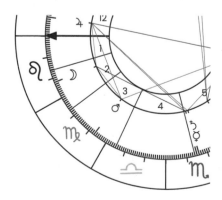

6.

Los aspectos

La información que tenemos por el momento nos permite interpretar las cuestiones básicas de una carta natal, pero nos queda por ver un elemento importante: los aspectos. Una vez entendido este último paso, solo nos faltará reunir todo lo aprendido y practicar.

Se trata, sin embargo, del paso más complejo. En la carta natal están representados los diez planetas, los signos y las casas, pero también cómo se relacionan los planetas entre sí. Los aspectos planetarios son las relaciones angulares que se establecen entre dos planetas. Dicho de otra forma, son la conversación que tendrían dos planetas si estuvieran hablando y compartiendo información.

La carta natal muestra los aspectos en forma de líneas que unen unos planetas con otros. Hay diferentes tipos de «conversaciones» o aspectos entre planetas, algunos más amigables o fluidos, otros más tensos.

Aunque la astrología tradicional tiene en cuenta más aspectos, a mi parecer los verdaderamente importantes son la **conjunción**, la **cuadratura** y la **oposición**. Se puede prestar atención al **sextil** y al **trígono**, menos significativos, los

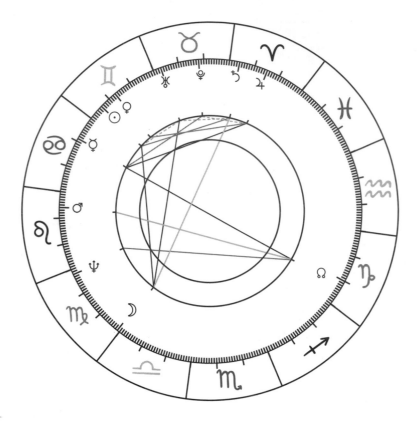

demás aspectos no los considero relevantes y no los mencionaré.

Los aspectos se dividen en dos categorías: los aspectos tensos, que son la oposición y la cuadratura, y los aspectos armónicos, que son el trígono y el sextil. La conjunción está en terreno neutro, ya que puede ser más o menos armoniosa dependiendo de los planetas involucrados.

Aspectos armónicos: fácil relación entre los planetas implicados	Sextil, trígono
Aspectos tensos: fricción, dificultades con los planetas implicados o maestría fruto de la dificultad	Cuadratura, oposición
Aspecto neutro	Conjunción

Es importante remarcar que los aspectos tensos no son «malos». La cuadratura o la oposición simplemente indican que los dos planetas implicados están formando un ángulo incómodo y que puede haber tensión entre ellos, y eso a veces se traduce en dificultades o en una gran importancia de las temáticas de dichos planetas. A continuación veremos qué simboliza cada aspecto con ejemplos concretos.

LA CONJUNCIÓN ☌

Se da cuando dos planetas o más están literalmente juntos, o a menos de 6 grados el uno del otro. Ahora ya puedes comprobar si en tu carta natal hay algún planeta que esté unido a otro. En caso de duda cuenta los grados matemáticos que hay entre ellos; se considera conjunción cuando hay menos de 6 grados de distancia.

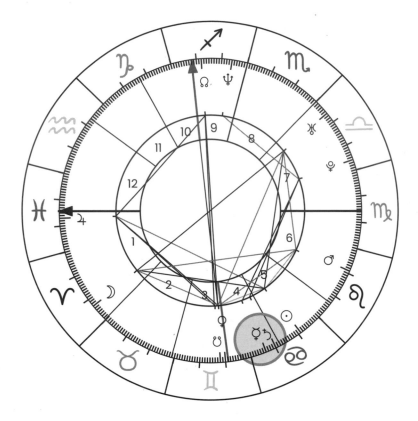

Desde mi punto de vista, la conjunción es el aspecto más potente. Implica la fusión de la energía de dos planetas. Para entender mejor este concepto podemos imaginar que hacemos un zumo con una manzana y un plátano. Para ello, trituramos ambas frutas, que se fusionan y se convierten en una. Así mismo funciona la conjunción.

Supongamos, por ejemplo, que en la carta natal Venus está en el signo de Libra. Hemos aprendido a interpretar que simboliza el deseo de armonía, equilibrio y belleza, también

Aspectos

☉	90°	☽	3,17' (S)
☉	30°	♀	0,06' (A)
☉	30°	♂	0,7' (A)
☉	120°	♃	2,33' (S)
☉	90°	♅	3,55' (A)
☽	60°	♀	3,23' (S)
☽	120°	♂	2,47' (S)
☽	180°	♅	0,39' (A)
♀	0°	♄	5,51' (S)
♀	90°	♀	0,14' (S)
♀	60°	♂	0,77' (A)
♀	90°	♃	2,27' (S)

En esta imagen vemos cómo se especifican las conjunciones en la lista de aspectos.

en las relaciones afectivas. Supongamos que Venus está, además, en la casa 10. Podríamos añadir entonces que favorece una carrera vinculada a la moda, la belleza o el arte. Todo eso son hipótesis válidas, pero ¿qué pasaría si Venus estuviera también en conjunción con Plutón? Pues que cambiaría sustancialmente la interpretación.

Plutón, planeta de Escorpio, representa la metamorfosis, el renacer, la profundidad emocional, los procesos psicológicos intensos, lo tabú. Al estar en conjunción con Venus, las energías de ambos planetas se mezclan para convertirse en una. Poco quedará del refinamiento, la diplomacia y la búsqueda de armonía de aquel Venus (Venus en Libra). Al fusionarse con Plutón, a pesar de que esté en un signo como Libra, Venus adquiere otra naturaleza y también deseará profundidad en sus relaciones, sentirá una especial atracción por lo tabú y buscará conectar a través de la sexualidad, por ejemplo.

La conjunción se refiere, pues, a dos energías que pasan a ser una. Al interpretar la carta natal es especialmente importante ver las conjunciones con el Sol, si las hay, ya que el Sol simboliza la esencia de la persona, y el planeta que esté en conjunción con él se convertirá en parte integral de la personalidad. Imaginemos una persona con el Sol en Aries y en conjunción con Venus. Es probable que la naturaleza guerrera, competitiva y algo agresiva de Aries quede muy atenuada, y que ese individuo también tenga don de gentes y facilidad para relacionarse con otros gracias a la influencia de Venus. Muchas personas no se identifican con su signo solar porque tienen el Sol en una conjunción u otro aspecto que no han sabido interpretar.

Son especialmente relevantes también las conjunciones con el ascendente, que indican la imagen de la persona y parte de su personalidad. Imaginemos un individuo con el ascendente en Cáncer pero con Marte justo en el ascendente (a menos de 6 grados). La vertiente protectora y cuidadora de Cáncer cambiará considerablemente para adquirir algunas de las cualidades guerreras, agresivas y luchadoras de Marte. Además, tendrán mucha importancia las conjunciones con el medio cielo, pues nos ayudarán a averiguar el propósito general y profesional de la persona. Por ejemplo, Neptuno en el medio cielo (o bien dentro de la casa 10) podría indicar una vocación relacionada con ayudar a los demás.

LA CUADRATURA ☐

La cuadratura es un ángulo de 90 grados entre dos planetas (con un margen de entre 5 y 6 grados), y se considera uno de los aspectos más tensos y difíciles. Normalmente se da entre dos planetas de distintos elementos y simboliza una dificultad, un obstáculo o una parte de la personalidad difícil de integrar. Nos obliga a salir de nuestra zona de confort y tiene el potencial de proporcionarnos crecimiento y numerosos regalos. Es importante remarcar que no es un aspecto malo:

Aspectos

☉	90°	☽	3,17' (S)
☉	30°	♀	0,06' (A)
☉	30°	♂	0,7' (A)
☉	120°	♃	2,33' (S)
☉	90°	♅	3,55' (A)
☽	60°	♀	3,23' (S)
☽	120°	♂	2,47' (S)
☽	180°	♅	0,39' (A)

puede vivirse como una dificultad o siendo consciente de que, al estar esos dos planetas conversando entre sí, se nota mucho su energía.

Para ver si dos planetas están en cuadratura en la carta natal, miraremos la lista de aspectos y veremos aquellos que formen un ángulo de 90 grados.

En este ejemplo, el Sol está en cuadratura con la Luna y con Urano. En la carta natal, estos planetas aparecen unidos por una línea, que en la mayoría de los programas es roja.

Si tuviéramos que interpretar este caso, podríamos aventurar la hipótesis de que se trata de una persona que no integra bien el cambio y los eventos inesperados (Sol en cuadratura con Urano) o que vive una relación difícil con la familia, la madre o la infancia (Sol en cuadratura con la Luna). Ahora bien, también es posible interpretarlo de forma más optimista y decir que se trata de una persona original, única y revolucionaria, ya que Urano representa todo esto y el Sol es la esencia y la identidad de la persona. Asimismo, podríamos

decir que es una persona muy dedicada a la familia y al hogar
y muy emocional, puesto que la Luna habla de estas temáticas y, en cuadratura con el Sol, estas pasan a formar parte de
la esencia del individuo. Esta interpretación más positiva sería realista después de un trabajo personal por parte del consultante, ya que las cuadraturas se convierten en dones una
vez se ha integrado su aprendizaje.

En la interpretación conviene recordar que los dos planetas están en un signo y una casa concretos, hecho que aporta
más información, como veremos en el ejemplo al final de este
capítulo.

LA OPOSICIÓN ☍

La oposición es un ángulo de 180 grados entre dos planetas,
es decir, se da cuando están uno frente al otro. En la carta
natal se expresa con una línea, normalmente roja, que une
estos dos cuerpos enfrentados. Como en el caso de la cuadratura, se considera que dos planetas están en oposición cuando los separan 5 o 6 grados.

La oposición representa dos energías opuestas, y la persona acostumbra a identificarse solo con una de ellas. En otras
palabras: se trata de dos partes internas que debemos integrar
y equilibrar en lugar de rechazar una de ellas.

Imaginemos, por ejemplo, que una persona tiene a Venus
en Cáncer en oposición a Saturno en Capricornio. Aquí Venus podría representar el placer y el disfrute, especialmente
de estar en casa o de formar un hogar. Saturno en Capricor-

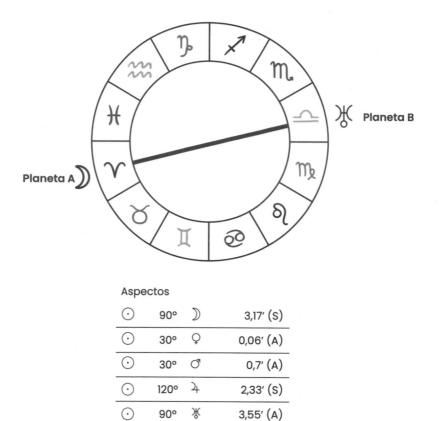

Aspectos			
☉	90°	☽	3,17' (S)
☉	30°	♀	0,06' (A)
☉	30°	♂	0,7' (A)
☉	120°	♃	2,33' (S)
☉	90°	♅	3,55' (A)
☽	60°	♀	3,23' (S)
☽	120°	♂	2,47' (S)
☽	180°	♅	0,39' (A)

En la lista de aspectos, las oposiciones se muestran así.

nio, en este caso, representaría la responsabilidad, el trabajo duro en el ámbito profesional y las aspiraciones más allá del ámbito familiar. La persona en cuestión podría asumir uno de estos polos, rechazando el otro, cuando en realidad debería aprender a equilibrarlos y a vivir ambos polos como compatibles.

Igual que en el caso de la cuadratura, al interpretar la carta natal es preciso recordar que los dos planetas están en un signo y una casa concretos, hecho que nos aporta información relevante.

EL SEXTIL * Y EL TRÍGONO △

El sextil y el trígono son aspectos considerados armónicos, y simbolizan una conversación entre los planetas involucrados que se desarrolla con fluidez y no presenta dificultades. Su influencia es menor que la que ejercen la conjunción, la oposición y cuadratura.

El sextil es un ángulo de 60 grados entre dos planetas y el trígono, un ángulo de 120 grados. Ambos representan dones y facilidades, sin embargo, según los planetas que los forman, pueden acarrear pereza y estancamiento, ya que son aspectos que no empujan a la persona a salir de la zona de confort.

Imaginemos el caso de la Luna en sextil con Mercurio. La Luna estaría en Géminis, y Mercurio, en Aries. Podríamos interpretar que a la persona en cuestión le resulta fácil expresar verbalmente sus emociones, no solo por el hecho de que la Luna esté en Géminis, sino también por el trígono con Mercurio.

Práctica con Frida Kahlo

Frida Kahlo nació en 1907 y tenía el Sol en Cáncer, el ascendente en Leo y la Luna en Tauro. Su carta natal es un claro ejemplo de cómo los aspectos planetarios matizan de un modo destacable la interpretación.

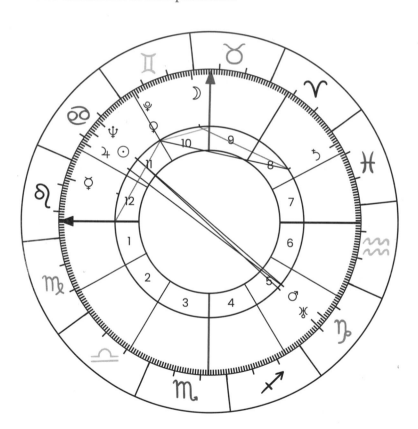

Con el Sol en Cáncer, Frida era probablemente una persona hogareña, sensible, que disfrutaba de estar con los suyos y cuya prioridad era formar una familia. De hecho, es sabido que uno de sus sueños era ser madre, algo que no consiguió, pues a pesar de conseguir quedarse embarazada en tres ocasiones, por una razón u otra los embarazos no llegaron a término. Aunque esto es doloroso para cualquiera, tuvo que ser especialmente desgarrador para ella, ya que su Sol en Cáncer anhelaba tener hijos, cuidar y nutrir. Además, su signo solar habla de la necesidad de crear vínculos estrechos con los suyos y de las ganas de estar en familia y echar raíces, así como de una grandísima sensibilidad, cualidad que plasmaría en sus pinturas.

El ascendente en Leo indica la existencia de talentos artísticos y la gran probabilidad de que acabara mostrándoselos al mundo, cosa que encaja con su biografía, ya que se dio a conocer a través de su arte, aunque fuera décadas después de su fallecimiento. Su ascendente también se vio reflejado en su elegancia y los vestidos y joyas llamativos que llevaba.

La Luna en Tauro de Frida habla de la búsqueda de seguridad y estabilidad, pero también de la belleza que plasmaba en sus pinturas. No olvidemos que Tauro tiene como regente a Venus, igual que Libra, y que es uno de los signos que se vinculan con lo artístico. Asimismo, indica la necesidad de experimentar placer y conectar con los cinco sentidos, a través del arte, la gastronomía o la sexualidad.

Al observar su carta natal vemos que hay varios aspectos que llaman la atención. En primer lugar analizaremos los aspectos del Sol, porque al ser el planeta más vinculado con la esencia de la persona nos aportarán rasgos de su personalidad muy importantes. Frida tiene el Sol en conjunción con Neptuno y con Júpiter, todos ellos en el signo de Cáncer y en la casa 11.

La conjunción del Sol con Neptuno es muy potente porque es casi exacta: ambos planetas se encuentran a menos de un grado de distancia, y eso magnifica los efectos de la conjunción. Neptuno, el planeta de la espiritualidad, la compasión y la sensibilidad, pasa a ser parte central de su esencia y su personalidad. Para facilitar la interpretación será útil re

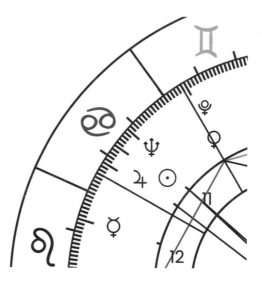

cordar que Neptuno es el planeta de Piscis. Así, aunque Frida no tenga ningún elemento en este signo, en su carta natal predomina la energía de Piscis a través de Neptuno. La conjunción de un planeta con el Sol significa que ese planeta tiñe por completo la esencia de la persona. Ahora bien, no pode mos olvidar que el Sol está en Cáncer, debido a lo cual Frida no deja de ser una persona hogareña, dedicada a los suyos y a encontrar estabilidad emocional. La conjunción con Neptuno aporta datos que complementan esta interpretación y hace que se multipliquen la sensibilidad y la intuición, magnifica sus dones de cuidadora y ayudadora, y le otorga muchas otras características piscianas, como la compasión, la fantasía o la idealización. El hecho de que Neptuno tenga tanta presencia en su carta también contribuye a sus dotes artísticas.

El Sol de Frida está además en conjunción con Júpiter, planeta que representa el crecimiento, la abundancia, los viajes, el extranjero, la expansión, la sabiduría, los conocimientos. Júpiter es el regente de Sagitario y de Piscis, y por ahora ha quedado claro que Frida era muy pisciana. Sin embargo, tenía a la vez una vertiente muy sagitariana, ya que llegó a vivir en el extranjero y en algún momento de su vida ejerció de profesora de arte en su México natal. En la consulta, cuando observo una carta natal que muestra el Sol en conjunción con Júpiter, o en otro aspecto importante con este planeta, suele salir a relucir un don para la enseñanza muy marcado, igual que cuando Júpiter está situado en las casas 6 o 10 o en el ascendente.

Júpiter y Neptuno están en Cáncer, junto a su Sol, hecho que magnifica las cualidades cancerianas. Por ejemplo, Júpiter representa la expansión y el crecimiento, pero estando en Cáncer apunta a una mayor sensibilidad y a los dones de cuidadora, mientras que si Júpiter estuviera en otro signo actuaría como «expansor» de otras cualidades.

No olvidemos tampoco que su Sol en Cáncer, con Júpiter

y Neptuno en conjunción, está situado en la casa 11, el área de los grupos, la comunidad y los movimientos sociales. Ello explica su activismo político y su compromiso con varias causas sociales, así como un trasfondo acuariano, es decir, poco convencional y rebelde en algunas facetas de la vida.

Otro aspecto clave es la oposición entre el Sol en Cáncer y Marte y Urano en Capricornio. En este caso no se trata de una conjunción, donde la energía se fusiona, sino de una oposición, que representa más incomodidad. Probablemente, Frida se identificaba con sus cualidades maternales, cuidadoras y hogareñas y con su grandísima sensibilidad, pero le angustiaban los cambios radicales o inesperados en la vida y la inestabilidad (Urano). O quizá su dulzura canceriana no se llevara muy bien con su faceta más guerrera y agresiva, procedente de Marte. En definitiva, tanto Urano como Marte representan cualidades que quizá le costaran de integrar. Cuando hay una oposición suelen vivirse las cualidades de una u otra vertiente, pero con el Sol presente, siendo la esencia de la persona, normalmente es el otro integrante el que se vive con más dificultad.

Al fin y al cabo, no es de extrañar que a Frida, supuestamente, no le gustaran los cambios radicales e inesperados. Es sabido que tuvo un grave accidente en su juventud cuando el autobús en que viajaba chocó con un tranvía, y sufrió varias fracturas en la columna. Frida padeció toda la vida las secuelas físicas del accidente, que fue también la causa de que sus embarazos no llegaran a término. Aunque la carta natal no genera una predicción concreta al respecto y miles de personas podrían tener la misma carta sin haber sufrido nada parecido, es curioso que Marte y Urano estén situados en la casa 5, la de los hijos, el amor y la creatividad. Marte, planeta de la acción, y Urano, de lo inesperado, crean una conjunción que resulta en una energía un poco violenta y habla de cambios rápidos e inesperados. La tarea del astrólogo es imaginar en cada ocasión cómo se combina la energía de dos planetas, la de un signo y un planeta, la de un planeta y una casa, etcétera. En la carta de Frida, la conjunción de Marte y Urano puede referir acciones impulsivas y erráticas, cambios rápidos, impaciencia y hasta accidentes. Además, puede revelar su vertiente activista, ya que Marte funciona como activador de Urano y le aporta mucha fuerza. Debe quedar claro que esta conjunción aparece en la carta de miles de personas y no predice de ninguna manera nada malo, pero en el caso de Frida es significativa y quizá tenga un paralelismo con el accidente que sufrió. Lo importante es entender que una misma conjunción o aspecto de la carta puede dar lugar a decenas de interpretaciones y que precisamente por esto es imposible concertar una predicción.

Resulta asimismo interesante la situación de esta conjunción en la casa 5, que entre otras cosas representa los hijos, y es un hecho conocido que Frida sufrió varios abortos y canalizó la tristeza y la rabia que le provocaron a través del arte. La casa 5 es también la de la creatividad, y Urano en esa casa nos ayuda a entender la originalidad y el carácter autobiográfico de su arte.

Frida tiene a Venus en Géminis en conjunción con Plutón. Mientras que Venus en Géminis nos habla de un deseo de conectar con el otro a través de la mente y a nivel intelectual, la conjunción con Plutón sugiere una gran profundidad emocional. Si bien es probable que Frida buscara la conexión mental en los romances y en la pareja, la conjunción con Plutón puede variar de forma considerable la interpretación. No olvidemos que Plutón es el planeta de Escorpio y su ámbito es la fusión emocional con el otro, la profundidad, la intensidad emocional y lo tabú. En la vida real, esta conjunción marcó las relaciones de Frida, que estaba profundamente enamorada de su marido, Diego Rivera, y se entregó en cuerpo y alma al matrimonio, además de verse envuelta en múltiples triángulos amorosos. La relación con Diego se caracterizó por la intensidad, hecho que tiene más que ver con la conjunción de Venus y Plutón y que no veríamos si Venus estuviera solamente en Géminis.

En la carta de Frida, Venus en Géminis tiene a su vez una cuadratura con Saturno en Piscis. Saturno representa, entre otras cosas, la madurez, el compromiso, la responsabilidad y las dificultades. Recordemos que ningún aspecto es inherentemente malo, pero una cuadratura resalta mucho la energía entre dos planetas, como si estos estuvieran teniendo una conversación a gritos. Diego Rivera, marido de Frida, era bastante mayor que ella, y esto es un ejemplo claro de la búsqueda de la madurez (Saturno) en las relaciones (Venus) por parte de Frida. Este aspecto podría interpretarse asimismo como la vivencia de dificultades en las relaciones de amor o situaciones difíciles, hecho que es bastante subjetivo y que solo ella podría haber aclarado.

7.

Interpretación
paso a paso

En este último capítulo integraremos todos los conceptos aprendidos y añadiremos alguno más para poder interpretar una carta natal al completo. Al hacer la interpretación es importante seguir cada paso; es habitual cometer el error de analizar los elementos por separado sin tener en cuenta el contexto y sin entender las prioridades. Así pues, hay un orden que recomiendo seguir porque no todo es igual de importante, y sería una equivocación empezar el análisis de las posiciones de los planetas de forma aleatoria.

Como ejemplo utilizaremos la carta natal de la princesa Diana de Gales.

PASO 1: ANÁLISIS DEL SOL, LUNA Y EL ASCENDENTE

Lo primero que deberíamos observar en una carta natal es el Sol, la Luna y el ascendente, a qué elementos pertenecen cada uno y si hay un equilibrio aparente o domina la presencia de un elemento en concreto.

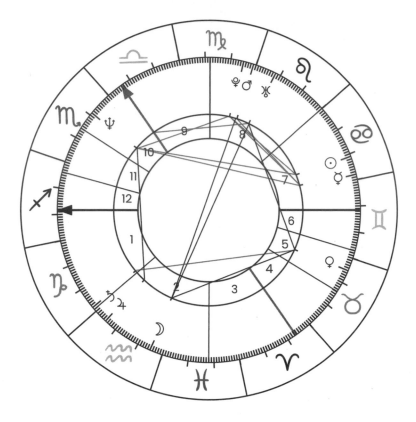

En la carta de Diana de Gales, el Sol está en Cáncer, la Luna en Acuario y el ascendente en Sagitario. Los elementos presentes, pues, son agua, aire y fuego. Sin tener en cuenta la posición de otros planetas, el elemento más escaso es la tierra. Esto nos habla de una personalidad poco práctica y más bien soñadora, sensible, intelectual y pasional.

El Sol en Cáncer de Diana muestra una personalidad sensible, cuidadora, hogareña, que brilla y se siente bien estando con los suyos y que busca un sentido de pertenencia. La Luna en Acuario contradice, en cierta forma, algunas de las características cancerianas, ya que busca la independencia, la libertad y el desapego. Se siente cómoda siendo diferente y viene para romper tradiciones y las normas socialmente impuestas del momento. La Luna en Acuario explica también la especial implicación de Diana con el cambio social y su necesidad de hacer del mundo un lugar mejor, ya que Acuario es el signo más vinculado con los movimientos sociales. Su ascendente en Sagitario le brinda aventura, experiencias por todo el mundo, viajes y una actitud optimista y confiada ante la vida, además de una personalidad entusiasta y pasional.

Todas estas interpretaciones encajan con la vida y las experiencias de Diana, una persona muy sensible, empática y considerada con los demás, pero al mismo tiempo revolucionaria y distinta a la mayoría de las personas de la realeza.

Algunas de sus frases reflejan sus posiciones astrológicas: «Vivo por mis hijos, estaría perdida sin ellos» (Sol en Cáncer); «Es vital que la monarquía esté en contacto con la gente. Es lo que trato de hacer» (Luna en Acuario); «Me gusta ser un espíritu libre. A algunos no les gusta, pero así es como soy» (Luna en Acuario y ascendente en Sagitario).

PASO 2: ASPECTOS IMPORTANTES DEL SOL Y LA LUNA

A continuación es fundamental ver en qué condiciones se encuentra el Sol. Aspectos como la conjunción, la cuadratura o la oposición pueden cambiar o matizar profundamente las características del signo solar. Cabe tener en consideración también los aspectos más armónicos, como el sextil o el trígono, que suelen hablar de facilidades o dones.

Además, observaremos si hay algún planeta en el ascendente, sobre todo en la línea del ascendente o cerca de esta. En caso afirmativo, las cualidades de ese planeta teñirán la apariencia externa y la personalidad. El planeta que esté en la casa 1 acostumbra a tener el mismo efecto.

En el caso de Diana, el Sol en Cáncer está en conjunción con Mercurio en el mismo signo. Mercurio, el planeta de la comunicación y la mente racional, pasa a ser un planeta sumamente importante que define la esencia y la personalidad de Diana. A partir de esta conjunción podemos interpretar que Diana era una persona con el don de la comunicación, o que a lo largo de su vida estuvo expuesta a situaciones que le permitieron compartir sus ideas. Cuando Mercurio está en conjunción con el Sol, las personas suelen querer compartir sus ideas, a través del periodismo, el canto, la escritura, la enseñanza o cualquier otro medio, y por lo general disfrutan de una gran agilidad mental e intelecto. Diana era una persona sin duda inteligente, para quien la comunicación se convirtió en una parte central de su vida por razones evidentes. Es importante recordar que Mercurio está en Cáncer, y eso hace que fuera una buena comunicadora, sobre todo en el terreno emocional, pues Cáncer es un signo muy vinculado con las emociones. En varias ocasiones, Diana explicó sus vivencias y habló de cuestiones muy íntimas, como la depresión posparto, sin que le importara mostrar su fragilidad.

El Sol de Diana hace un trígono con Neptuno y un sextil

con Plutón. El trígono con Neptuno remarca su afán por ayudar a los más indefensos y a los colectivos vulnerables, y agudiza su gran sensibilidad y empatía. El sextil con Plutón habla de una gran profundidad emocional, así como de la capacidad de resurgir de las cenizas en situaciones complicadas de su vida.

La Luna de Diana, que está en el signo de Acuario, forma una oposición con Marte y Urano, además de una cuadratura con Venus. Al analizar la Luna y sus aspectos debemos recordar que estamos hablando de las necesidades emocionales, de aquello que le da seguridad a una persona, de la infancia, etcétera. En este caso podríamos especular sobre si a Diana le aterraban los cambios imprevistos o si en la infancia se sintió desamparada por parte de sus progenitores (Luna en oposición con Urano). Podríamos pensar también que se sentía absolutamente incómoda con la guerra, la agresividad y el conflicto, porque los vivió de pequeña o por otras razones (Luna en oposición con Marte). Lo interpretamos así porque se trata de una oposición, que representa una incomodidad o la lucha entre dos opuestos. La cuadratura entre la Luna y Venus podría sugerir una tensión entre su parte maternal y su parte más seductora o femenina, la dificultad de vivir ambas a la vez o que trató de integrarlas a largo plazo, entre muchas otras cosas.

PASO 3: ¿DÓNDE ESTÁN LOS REGENTES DEL SOL Y EL ASCENDENTE?

El tercer paso, que aún no hemos explicado en este libro, consiste en observar dónde se encuentran los regentes del Sol y el ascendente. Por ejemplo, si una persona tiene el Sol en Libra, comprobaremos en qué signo se encuentra Venus, su regente. Esto nos ayudará a entender qué tipo de libra es esa persona. No es lo mismo tener a Venus en Sagitario que tenerlo en Escorpio. En el primer caso, la personalidad sería afable, gentil y diplomática, pero con un matiz aventurero y optimista. En el segundo, a pesar de seguir siendo libra, la persona probablemente tendría más interés en establecer relaciones con profundidad emocional. Lo mismo ocurre con el ascendente: será de mucha utilidad identificar dónde se encuentra su planeta regente para matizar su energía.

En la carta de Diana, que tiene el Sol en Cáncer y el ascendente en Sagitario, debemos fijarnos en dónde están la Luna (por ser regente de Cáncer) y Júpiter (por ser regente de Sagitario). Vemos que ambos se encuentran en el signo de Acuario, hecho que refuerza mucho esta energía revolucionaria, rompedora y anticonvencional. Así, Diana no solo tiene la Luna en el signo de Acuario, sino que los regentes de Cáncer y Sagitario activan aún más el arquetipo acuariano.

PASO 4: LA CASA DONDE SE ENCUENTRA EL SOL

La casa donde se encuentra el Sol será casi siempre la más relevante, junto a las que tengan tres o más planetas (*ste-llium*). El Sol es el astro rey y centro de la carta natal, e indica tanto dones como aprendizajes. Sin duda es uno de los elementos que determina las experiencias más importantes de la vida; aunque no llega a predecir eventos concretos, sí ofrece una guía sobre las temáticas.

El Sol de Diana está en la casa 7, que hace referencia a la pareja estable, el matrimonio y otro tipo de asociaciones, por ejemplo, las comerciales. Esta posición indica que gran parte de la energía vital de Diana estaba destinada a la pareja y que sus mayores aprendizajes de vida los realizaría a través de ella. Esta situación podía materializarse de mil formas; en efecto, varias personas de mi círculo cercano tienen el Sol en la casa 7, y algunas de ellas están felizmente casadas, otras han tenido varias relaciones a lo largo de su vida, y para otras el mayor reto ha sido el de encontrar pareja. No hay una predicción que sea la única posible, sin embargo, todas estas personas sienten que, de una manera u otra, la cuestión de la pareja o el matrimonio ha sido fundamental en su vida.

Es indudable que la pareja marcó un antes y un después en la vida de Diana, pues al convertirse en la prometida y después esposa del príncipe Carlos se hizo famosa en todo el mundo. Probablemente para ella era muy importante asociarse o comprometerse con otra persona, cosa que al mismo tiempo le supondría aprender grandes lecciones y afrontar retos. Por otro lado, el hecho de tener el Sol en la casa 7 activa en ella cierta energía de Libra, ya que esta casa hace referencia a la pareja, el matrimonio y las asociaciones, y estas temáticas son puramente librianas. Por esta razón, Diana pudo tener algunas características de Libra entremezcladas en su personalidad, como la necesidad de vivir en paz y armonía o evitar el conflicto.

PASO 5: OTRAS CASAS RELEVANTES Y POSIBLES *STELLIUM*

A continuación vamos a ver qué otras casas nos llaman la atención por tener una gran concentración de planetas (tres o más) o, por ejemplo, porque un planeta se sitúa justamente en uno de los cuatro puntos cardinales (ascendente, descendente, medio cielo o bajo cielo).

Cuando hay tres o más planetas en una casa, esta ejerce un papel central en la carta. En la de Diana destaca la casa 8, donde se encuentran nada más y nada menos que Marte, Plutón y Urano. Aunque solo Marte y Plutón están oficialmente en conjunción, pues Urano se encuentra a más distancia, estos tres planetas emiten mucha energía en la casa 8. Se trata de la casa de la transformación profunda y las experiencias intensas y catárticas, la casa de la fusión y la entrega emocional, los temas tabú como el dinero y el sexo, las crisis vitales y, en definitiva, todo aquello que nos hace tocar fondo para renacer con más fuerza. En la astrología tradicional también es la casa de la muerte, pero hoy en día interpretamos que hace referencia a una muerte metafórica, ya que en una misma vida podemos morir y renacer varias veces. Así pues, esta presencia de planetas en la casa 8 tal vez nos habla de que Diana se encontró en situaciones difíciles de las cuales acabó resurgiendo como el ave fénix, o de que la entrega emocional y la confianza en las relaciones consumió mucha de su energía. También de su capacidad para tratar incansablemente temas tabú, por ejemplo como activista para acabar con la estigmatización de personas con sida, un colectivo que en esos momentos era rechazado y visto como sucio.

La casa 2 de Diana es asimismo muy relevante, puesto que en ella se encuentran Júpiter y la Luna, además de Saturno justo entrando. Esta casa hace referencia al dinero, las posesiones, la autoestima y la autoconfianza, temas que ganan protagonismo en la interpretación.

Siempre que sea posible analizaremos las conjunciones presentes en estas casas más relevantes. Sin embargo, unas veces serán más fáciles de interpretar y otras deberemos guiarnos por una hipótesis más general. ¿Cómo expresar en palabras qué significa Marte en conjunción con Plutón en Virgo en la casa 8? Se trata, sin duda, de una energía explosiva y que se plasma sobre todo en las temáticas de la casa 8. A partir de este punto podríamos hacer mil y una hipótesis, pero todo cobra más sentido a toro pasado. Por desgracia, Diana murió de forma violenta (Marte, Plutón) e inesperada (Urano), y estos planetas están situados en su casa 8. Quiero que quede muy claro que la carta natal no permite jamás predecir la muerte, y que la casa 8, concretamente, se refiere a procesos de transformación de forma metafórica, aun así, no deja de ser curioso ver cómo se plasmó esta energía en la realidad de Diana.

PASO 6: AMOR, PROPÓSITO, VOCACIÓN, FAMILIA E INFANCIA

Llegados a este punto podemos analizar temáticas en concreto como el amor, el propósito vital o profesional o la percepción de la infancia.

En relación con el amor, observaremos a Venus y a la Luna y sus aspectos, así como el signo en que se encuentra la casa 7. Recordemos que siguen influyendo mucho el signo solar y el ascendente para conformar la personalidad en general, pero estos factores adicionales la matizan de un modo destacable. En la carta de Diana, Venus está en Tauro y la Luna, en Acuario. Se podría decir que, a pesar de desear una relación que le proporcionara estabilidad material y emocional (Venus en Tauro y Sol en Cáncer), también necesitaba cierta dosis de independencia y la libertad de hacer las cosas a su manera (Luna en Acuario). Venus en Tauro nos habla de un estilo afectivo muy conectado con la sensualidad, con los placeres y el disfrute, con compartir momentos agradables con el otro, mientras que la Luna en Acuario hace referencia a encontrar la comodidad en lo diferente, excéntrico o alternativo. No olvidemos que el príncipe Carlos era significativamente mayor que Diana, y que en este sentido su relación no era como esperaba la sociedad. Esto queda muy remarcado por la cuadratura de Venus con Urano, que también recalca el gusto de Diana por lo distinto a lo esperable. Por último, vemos que la casa 7 de Diana está regida por Géminis, pues empieza en este signo y se considera gobernada por él. Podríamos concluir, además, que buscaba la intelectualidad en la pareja, o que tenía una gran necesidad de compartir y debatir ideas de todo tipo con ella, características muy geminianas las dos.

En relación con el propósito vital y la vocación, observaremos, además del Sol y el ascendente, el medio cielo o casa 10 y la casa 6, así como los planetas que están en esas casas. Cuando hacemos referencia al propósito vital no nos referimos a una sola cosa concreta, sino a un cúmulo de dones, talentos o aprendizajes, que a veces podemos dedicar al mundo o la gente que nos rodea. Estos factores nos pueden ayudar a imaginar posibles profesiones ideales o caminos profesionales que estén de acuerdo con la esencia de la persona. En el caso de Diana vemos que además de tener el Sol en Cáncer (cuidadora) y el ascendente en Sagitario (estudiante, aventurera, exploradora), tiene el medio cielo en el signo de Libra y su casa 6 está regida por Géminis. Es así porque estas dos casas tienen el inicio en dichos signos, y eso es lo que marcará la energía. Por tanto, nos hablan de una vocación o propósito relacionado con la comunicación (casa 6 en Géminis) o con la diplomacia o la belleza (medio cielo o casa 10 en Libra). Cobra especial importancia el hecho de que Neptuno esté justamente en la casa 10, lo cual indica también el propósito de salvar a otros o de cuidar de colectivos desfavorecidos, entre muchas otras interpretaciones, ya que también podría indicar dones terapéuticos o artísticos. Los llamados «nodos del karma» o «nodos lunares» aportarán información adicional sobre el propósito, pero en este libro me limito a mencionarlos porque son materia muy avanzada y requieren un estudio independiente.

En relación con la infancia y la madre, observaremos la Luna y sus aspectos, así como la casa 4. La luna de Diana está en el signo de Acuario, cosa que indica una percepción de la madre o el cuidador principal como alguien desapegado y que daba afecto de forma intermitente, en la peor de las interpretaciones, ya que Acuario es un signo poco emocional y que necesita mucho espacio personal. También podríamos interpretar, con más optimismo, que su infancia o su madre fueron poco convencionales por alguna razón. En cualquier caso, la Luna está en oposición con Marte y con Urano y forma una cuadratura con Venus. Recordemos que las oposiciones y cuadraturas son aspectos tensos, cosa que no implica que sean negativos, pero su energía se hace muy evidente. La percepción de unos cuidadores desapegados o quizá una infancia diferente se refuerza con la oposición de la Luna con Urano, mientras que la oposición con Marte podría indicar que Diana creció en un entorno que ella consideraba hostil o en el que se producían peleas a menudo. Por supuesto, esta es una de las muchísimas interpretaciones posibles y solo ella podría haber confirmado estas teorías, pero sirve de ejemplo para entender cómo funciona la interpretación de una carta. La cuadratura de la Luna con Venus la hemos analizado en el segundo paso. La casa 4 de Diana está regida por Aries, signo que habla de la autoafirmación, el sano egoísmo, la agresividad y el conflicto, entre muchas otras cosas. Esto reforzaría la teoría de que vivió una infancia un poco turbulenta o marcada por el conflicto, cosa que ya sospechábamos a raíz de la oposición de la Luna con Marte.

PASO 7: CASAS VACÍAS Y OTROS FACTORES ADICIONALES

Por último, podemos estudiar alguna casa en concreto donde no haya planetas y que sea de nuestro interés. Por ejemplo, si quisiéramos preguntar sobre las amistades podríamos observar la casa 11 y qué signo la rige. El análisis de casas vacías siempre tiene mucha menos relevancia que los pasos anteriores.

También podemos tener en consideración el planetoide Quirón, que últimamente ha adquirido popularidad en la astrología pero que no es reconocido por todos los astrólogos. Quirón representa la herida interna, aquello que más nos desgarra y que una vez aceptado o sanado podemos usar para sanar a otros. El signo y la casa donde se encuentre nos permitirá saber a qué afecta esa herida. Por ejemplo, Quirón en Géminis podría significar una gran inseguridad o una herida a la hora de comunicar, y si se encuentra en la casa 2, podría hablarnos de lo económico y la autoestima.

Conclusión

La carta natal es una herramienta astrológica que pretende acercarnos a nuestra verdadera naturaleza y esencia. Nos muestra que el ser humano es sumamente contradictorio. Partes de nosotros desean estabilidad, mientras que otras prefieren la aventura. Quizá queremos construir una familia, pero a la vez tenemos miedo al compromiso. Todas esas contradicciones se hacen evidentes en la carta y nos ayudan a aceptarnos a nosotros mismos. Es más: nos permiten entender que todos tenemos diferentes batallas internas, además de contradicciones.

La carta natal describe nuestra esencia y nuestro potencial, pero desarrollarlos más o menos depende de cada uno de nosotros. He visto cartas con un grandísimo potencial sin aprovechar, porque las circunstancias externas de la persona no lo han facilitado. Aunque en una carta veamos el don de la comunicación, el modo de cultivarlo y ejercerlo dependerá de las circunstancias externas: la educación, el contexto socioeconómico, el país, la cultura y un sinfín de condicionantes.

Quiero dar las gracias a todas las personas que han leído

esta guía. Para mí, la astrología ha sido un instrumento clave para conocerme mejor y crecer como persona, pero también una herramienta que me ha permitido ayudar a muchas personas a encontrar su camino. Que los astros siempre os acompañen.

Agradecimientos

Agradezco a mi pareja la paciencia y el apoyo incondicional que me ha ofrecido mientras escribía este libro.

Gracias también a mis padres, porque sin ellos no habría llegado aquí.

Y finalmente gracias a mi editora, Laura, por confiar en mí.